Saber que Tienes Vida Eterna ¡Obtén Liberación de Maldiciones y Traumas!

1 Juan 5:13 Marcos 16:17

RUTH S. OLSON

Saber que Tienes Vida Eterna

¡Obtén Liberación de Maldiciones y Traumas!

Copyright © 2022 Ruth Solveig Olson Todos los derechos reservados.

Contáctame: givingyeshua.com
PO Box 22161, Denver, CO 80222

Número ISBN: 978-1-945423-58-1

A menos que se indique lo contrario, todas las citas de las Escrituras están tomadas de la Santa Biblia: Reina-Valera 1960 (RVR1960) ® © Sociedades Bíblicas en América Latina, 1960. Renovado © Sociedades Bíblicas Unidas, 1988. Utilizado con permiso.

Las Escrituras marcadas (RVA) se toman de Reina-Valera Antigua (RVA) by Public Domain.

La Biblia de las Américas (LBLA) Copyright © 1986, 1995, 1997 by The Lockman Foundation

Santa Biblia, NUEVA VERSIÓN INTERNACIONAL® NVI® © 1999, 2015 por Biblica, Inc.®, Inc.® Usado con permiso de Biblica, Inc.® Reservados todos los derechos en todo el mundo. Used by permission. All rights reserved worldwide.Scripture quotations marked (NKJV) are taken from the Holy Bible: New King James Version®. Copyright © 1982 by Thomas Nelson. Used by permission. All rights reserved.

King James Version (KJV) Publisher: Public Domain

Aviso de derechos de autor. Todos los materiales contenidos en este libro están protegidos por la ley de derechos de autor de los Estados Unidos y no pueden ser reproducidos, distribuidos, transmitidos, exhibidos, publicados o transmitidos sin el permiso previo y expreso por escrito del autor. No puede alterar ni eliminar ningún derecho de autor u otro aviso de ninguna copia de este contenido. La dos excepciones a este aviso es que puede copiar el cuestionario y mi oración de los Diez Mandamientos, siempre que se haga referencia a este libro y autor. El libro puede, por supuesto, compartirse oralmente para instrucción y liberación. Si tiene preguntas, por favor póngase en contacto con el autor.

Ruth ha hecho un muy buen trabajo con el desglose de la liberación en su libro que debería ayudar a mucha gente con una visión clara de la salvación. Gran trabajo de
La hija de Rexa Daniels, Carmella Rose

"Este libro de Ruth S. Olson, ¡Sabe que tienes vida eterna, obtén liberación! es una obra maestra!"
Jane E. Grogan, Board Certified Counselor, Consejera Certificada por la Junta / Tele-Mental Health professional, Profesional de Salud Tele-Mental, Centennial, Colorado.

"Al leer algunos capítulos de su libro y tomar la autoridad para eliminar ciertos elementos que sabía que estaban en mi vida durante mucho tiempo, la masonería y el bautismo infantil, algo sucedió. Ya no me impulsan. Los restos del perfeccionismo, el retraimiento y el silencio cuando necesitaban hablar, se han ido. Estoy más relajado, estable y firme, pero respetar la autoridad sin temblar se ha convertido en una realidad viva. Estoy más conectado a tierra y seguro en mi relación con el Mesías. Sé que me aprueba."
Crystal Cobb, Gunnison, Colorado.

Contenido

Dedicación 7
Reconocimientos 9
Prólogo 11
Instrucciones 19
1 El Nombre del Salvador, Yeshúa 25
2 Mi Historia 29
3 La Inquisición Española y su Efecto Hoy 45
4 Perdonar Pecados 51
5 Saber que Tienes Vida Eterna y Cuestionario 55
6 Las Fiestas y Sábados Bíblicos Son Para Hoy 67
7 No Tener Otros Dioses 79
8 Símbolos y Emblemas que Traen Maldiciones 107
9 Enseñanza Sobre la Liberación Real y Guerra Espiritual 113
10 Liberación de Maldiciones 125
11 Liberación de Traumas 141
12 Cómo Hablo con las Personas que Necesitan al Salvador 157
13 Liberaciones Como Yo Testifico 165
14 Cómo Proteger a una Persona para que no se Aleje de la Salvación y la Liberación 171
Conclusión 175
Apéndices 181
Notas de Fin 239
Referencias 257
Adendas 265
Index 269

Dedicación

A Yeshúa, mi Salvador, sanador y libertador.

A una mujer de América del Sur que vino a la iglesia con su vecino consciente de su genealogía judía española. Ella quiere desesperadamente la liberación de las ataduras católicas de su familia. No estaba segura de ir al cielo cuando muriera, pero esperaba ir al cielo para guardando las fiestas bíblicas y los sábados.

A los judíos españoles, que fueron forzados a ser católicos y necesitan liberación de ser odiados, rechazados y de las maldiciones, terrores y traumas de las inquisiciones en curso.

Reconocimientos

Mi madre y mi padre, que aceptaron al Salvador en un campamento bíblico para jóvenes. Mi padre era pastor luterano. Después de retirarse, mi madre dirigió un ministerio de oración telefónica y una reunión semanal de oración de mujeres, y papá realizó un estudio bíblico semanal para parejas en su hogar.

A Dell F. Sanchez Ph.D. que ha publicado libros e impartido seminarios para enseñarnos sobre los judíos españoles.

Veronica Williams, quien me ayudó cuando tuve una pregunta sobre la traducción. Ella y su esposo, Michael, oraron alrededor de la antigua propiedad de CLF el 29 de septiembre de 2019. Vieron a un ángel y dijeron que el ministerio volvería a abrir.

Mi esposo de 32 años, mi compañero y mi soporte técnico. Mis dos hijos adultos, que sufrieron conmigo durante los años difíciles de mi vida.

Crystal Cobb ha criticado mis manuscritos sobre el judaísmo mesiánico. A congregaciones mesiánicas donde aprendí el nombre, Yeshua y experimenté las fiestas y sábados bíblicos.

Las iglesias hispanas en Denver, Minnesota y México a las que he asistido.

Jesus Encounter Ministries de Mark Hemans. Esto es muy parecido al ministerio de Yeshúa. Recibí liberación en muchas reuniones en línea de zoom a partir de marzo de 2020.

Mis suegros, que proporcionaron muchos viajes a México después de retirarse y mudarse allí. Las clases de español, primero en las iglesias, ahora la clase de Jeanne.

Pastor Eloyse Badgett, Christian Living Fellowship (CLF) (Iglesia, 1970 - 2010) Lakewood, CO. Anna Paraseah (Raile), mi consejera de liberación en CLF. Rexa Daniels (Rose), pastora asociada y consejera de CLF hasta 1994. Irene A. Park, autor de *The Witch that Switched*, (La bruja que cambió) y siete folletos. Hablaré de estos como el pastor Eloyse, CLF, Anna, Rexa y Park.

Prólogo

La Profecía del 20 de Septiembre de 2020

Esta profecía me la dio Yeshua y Abba Padre después de que hablara una pareja de misioneros que partían para Costa Rica. "Esta es mi gente. Los he llamado por mi nombre. Son mios. (Isaías 43:1b). Veo sus penas y angustias; y sus pecados que los atan a ellos y a sus familias. Este libro es para ellos, para sus liberación y sanidad. Tengo tu mente Te he enviado para enseñarles, para consolarlos, para llegar a ellos con amor.

Israel, son mios. Los he llamado por otro nombre. Amo más que nunca por su sufrimiento.

Los amo más que nunca por sus sufrimiento en este tiempo de fiesta. (Septiembre, durante las Fiestas de Otoño). Tengo mucho amor por ellos y mi tierra. Lamento el odio que la mayoría de ellos tienen por mí y mi gente.

A los míos vine y no me recibieron, pero a todos los que me recibieron les di potestad de ser llamados hijos e hijas de Yah, a todos los que creen en mi nombre." (Juan 1:11-12). Abba.

Prólogo

Después de presenciar y cantar en el velorio y funeral de una mujer hispana de 32 años que murió de alcoholismo, Yeshúa me dijo que los judíos necesitaban ser salvos. (Rom. 1:16, 9:1-4; Hech. 3:22-23). Echad fuera la incredulidad judía, la muerte espiritual y el deseo de muerte que proviene de ser odiado. (Vea Apéndices C y K).

Algunos de estos hispanos son judíos; sus antepasados vinieron de España al Nuevo Mundo, con la esperanza de escapar de la Inquisición española y el catolicismo que buscaba destruirlos.

Aprendí sobre los judíos españoles en una congregación mesiánica, y luego de Dell F. Sanchez. (Vea capítulo 3). En una boda en 2015, supe que mi tatarabuela era judía española.

Quería que mi primer libro fuera en español pero mi editor dijo que debería estar en inglés. Mis suegros se mudaron a México en 1999 y comencé a asistir a congregaciones e iglesias hispanas y a aprender español para testificar en México.

En 1996, comencé a testificar en mis caminatas matutinas. En abril de 2022, solo una de las ocho personas con las que hablé una mañana estaba segura de ir al cielo después de la muerte.

"*Entonces dijo a sus discípulos: A la verdad la mies es mucha, mas los obreros pocos.*"
(Mateo 9:37)

He escrito este libro para que puedas liberarte de tus ataduras, contarle a la gente acerca del Salvador y liberarlos, para que puedan hablarle a la gente acerca del Salvador.

El Dr. Maurice Rawlings, un cirujano cardíaco, vio morir a la gente en su mesa de operaciones y comenzó a gritar que estaban en el infierno. Casi la mitad de los que trajo de entre los muertos habían estado en el infierno. Uno de ellos le pidió que rezara. Rawlings y su paciente se convirtieron en creyentes en esa oración. Escribió el libro, To Hell and Back.[1] (Ver Referencias).

En 2003, Yeshua me mostró cuatro nuevas preguntas para hacer mientras testificaba y muchas más personas respondieron, especialmente hispanos y personas sin hogar. Mucha gente en la iglesia sabe la respuesta correcta a la primera pregunta, ¿qué hizo el Salvador para que pudieran ir al cielo? Pero no el último; ¿Por qué irás al cielo cuando mueras? En su respuesta no dicen nada acerca de Jesús o Yeshua.

Aunque muchos en la iglesia no están seguros de ir al cielo, por lo general no testifico allí. En esta edición en español incluyo estas respuestas de tres iglesias hispanas y una congregación mesiánica hispana. En el mejor de los casos, sólo la mitad de ellos estaban seguros de ir al cielo. (Ver capítulo 5).

Aquellos que no están seguros de ir al cielo necesitan arrepentirse de sus pecados y decir "sí" al Salvador y su sangre para lavar sus pecados. Es posible que necesites liberación de traumas y muchas maldiciones, incluidas las del bautismo infantil y la iglesia católica. Debido a que las poblaciones hispana e india se han casado entre sí, estoy agregando más liberación de estas ataduras en esta edición en español. (Vea Apéndices A, B, L, M)

Enseño las fiestas y los sábados bíblicos, y documento las preocupaciones de Hislop, Irene A Park y otros tienen acerca de que Domingo de Pascua y la Navidad son brujería. Traigo al lector a través de las vacaciones, incluso el Día de San Valentín, para establecer esto. Los que ignoran la liberación y la guerra espiritual no se darán cuenta del Reino de Satanás y pueden estar participando en él sin darse cuenta.

Yeshúa dijo: *"Si me amáis, guardad mis mandamientos."* (Juan 14:15. Vea Apoc. 22:14).

"No penséis que he venido para abrogar la ley o los profetas; no he venido para abrogar, sino para cumplir."
(Mateo 5:17).

"Entrad por la puerta estrecha; porque ancha es la puerta, y espacioso el camino que lleva a la perdición, y muchos son los que entran por ella;" (Mat. 7:13).

El apóstol Pablo dice: *"Los que practican tales cosas, (las obras de la carne) no heredarán el reino de Dios."* (Gál. 5:21b, 5:15-26).

Después de que Yeshúa derramó su sangre, antes de ir al cielo, nos ordenó ir con las buenas nuevas, echar fuera demonios, hablar con lenguas nuevas y sanar a los enfermos. (Mat. 28:19, Mar. 16:15-20). Yo busco iglesias como esta.

"Mas la hora viene, y ahora es, cuando los verdaderos adoradores adorarán al Padre en espíritu y en verdad;"

(Jn. 4:23).

Debes ser salvo, liberado y lleno del Espíritu Santo para hablar a la gente de Yeshua, para echar fuera demonios y para sanar a los enfermos.

Estamos viviendo en los últimos tiempos. Las personas deben estar muy preocupadas por su condición espiritual y la de su familia, vecinos y aquellos en su iglesia, congregación o sinagoga.

Muchos creen que la puesta al día de los creyentes, el rapto, será pronto. (Dan. 12:1; 1 Tes. 4:13-18; Apoc. 3:10). Si te pierdes el rapto, es porque no fuiste "considerado digno de escapar" o porque vas a ser uno de los 144,000 personas judías que son misioneras durante la Gran Tribulación. (Apoc. 7:1-8; 14:1-6; Luc. 21:36).

Las personas que se pierden el rapto pasarán por los siete años de la gran tribulación, un tiempo de gran terror sobre todo el mundo. (Jer. 30:5-7; Mat. 24:21-22). El pueblo judío estará a salvo en Petra, Jordania durante la última mitad de la tribulación. (Apoc. 12:6). Cuando estén desesperados, llamarán a Yeshúa, y él regresará y los salvará. (Sal. 118:26; Mat. 23:37-39).

Durante esta tribulación, el "falso profeta" del anti-Mesías engañará a la gente, por lo que adorarán a la bestia, el Anti-Mesías, y tomarán su marca en su mano derecha o frente. Un hombre católico hispano que fue al cielo y regresó dijo que le dijeron allí que algunos padres tomarían la marca para comprar comida para sus hijos y luego irían al infierno. Él fracasó en su intento de advertir a los pastores cristianos, por lo que este hispano volvió a la iglesia católica. (Apoc. 13:11-17; 14:9-11; 19:20).

Si no tomas la marca, no podrás comprar ni vender. Si eres decapitado por tu testimonio de Yeshúa, reinarás con él por mil años. (Apoc. 20:4).

Tom Horn, un autor con una buena reputación como profeta, soñó con un asteroide que golpeará el sur de California el viernes trece de abril de 2029, que cree que estará en medio de los siete años de la gran tribulación. (Apoc. 8:11).[2] El viernes 13 es un día en que las brujas practican mucho mal. La brujería se ha practicado en secreto, pero ahora se practica abiertamente. En una ceremonia de apertura muy descarada de los Juegos de la Commonwealth en Birmingham, Inglaterra, el 28 de julio de 2022, muchos se inclinaron ante Baal y Lucifer, retratados como un gran toro.[3] (Ver, Toro en el altar de Zeus en Pérgamo, capítulo, El Nombre del Salvador, Yeshua).

Debido a que había sido superado por una vida de traumas, comencé a recibir liberación hace 40 años. Recibí liberaciones milagrosas en 1999. ¿Por qué necesitaba liberación? La familia de mi primer esposo y de la mía eran líderes en la iglesia, pero mi historia es peor que una telenovela.

"Y no participéis en las obras infructuosas de las tinieblas, sino más bien reprendedlas;" (Efes. 5:11).

La pastora Eloyse y sus trabajadores descubrieron los nombres de los demonios en las sesiones de consejería de liberación. Incluyo listas de liberación con los nombres de los demonios de los que hay que librarse: el catolicismo, la homosexualidad, el trauma del aborto, la falta de perdón, los espíritus sobre la muerte, el suicidio y el asesinato, y una lista del reverendo Terry Taylor de 80 espíritus que atacan el cuerpo.

En esta traducción al español agregaré la lista del pastor Eloyse de 49 demonios sobre la lujuria sexual. (Ap. N) Estas dos últimas listas son especialmente poderosas cuando se usan en la guerra espiritual. Irene Park dijo que se pueden colocar tres tipos de diseños. (Ap. F). También he agregado listas para la liberación de las ataduras de los indios americanos y las tribus indígenas (Ap. L. M.). Y la depresión posparto. (Ap. O).

Aunque asistí a la universidad durante seis años, no tengo ningún título en teología, psicología o medicina.

"Sino que lo necio del mundo escogió Dios, para avergonzar a los sabios; y lo débil del mundo escogió Dios, para avergonzar a lo fuerte;"

(1 Cor. 1:27).

Instrucciones Concernientes a las Liberaciones en Este Libro

Este libro está basado en mis experiencias; mientras que algunos son terribles, comencé mi liberación en 1982. Para cualquier otra persona, no puedo garantizar los mismos resultados. No solo uso el nombre Yeshúa y guardo los sábados bíblicos, sino que en CLF, aprendí cómo liberarme a mí mismo y a los demás y practicar la guerra espiritual. Desde entonces, me he beneficiado de otros ministerios de liberación y conferencias para la liberación y la salud mental. También he tenido asesoramiento de salud mental en sesiones privadas y grupales.

Las referencias que incluyo para ti en este libro han sido muy valiosas para mí.

Por privacidad, no revelé el nombre de ninguna familia viva o fallecida u otras personas en ninguna historia, excepto aquellos que ya han publicado sus historias.

Los demonios intentarán regresar. (Mateo 12:43-45). Ore para que pueda encontrar una iglesia o ministerio que ofrezca liberación en línea o cerca de su casa que no pide una gran cantidad de dinero. Pueden desear un diezmo, una ofrenda, o permitirle trabajar en la iglesia. Algunas iglesias ofrecen oración durante o después de la reunión.

Todos los problemas serios de salud y emocionales deben ser llevados a la atención tanto de los profesionales médicos como de los ministros de liberación. Yo, y los ministerios de liberación que cito, no somos profesionales con licencia.

Mientras preparaba el manuscrito para este libro, tuve a Profeta Ingrith Benavides u otro ministerio de liberación de YouTube en un volumen bajo, porque los demonios han luchado contra este libro.4 Estos son principados y demonios fuertes. Anna me dijo que atara los espíritus de Baal y Belcebú antes de expulsar a los demonios y que orara en lenguas durante 15 minutos después de la liberación. (Jer. 32:35; Lucas 11:14-26). (Vea la lista 80, Apéndice E). También ato al Leviatán y a las trinidades de Sa tanás y Lucifer. Y los ato o los expulso antes de in terrogar a los demonios o discernir si una canción, versículo bíblico o mensaje que estoy recibiendo es de Yeshúa. (Trinidades, vea Estrella de seis puntas, capítulo Símbolos y Emblemas que Traen Maldiciones).

Trabaja con otros creyentes comprometidos y ponte tu armadura de acuerdo con Efesios 6:10-18, que es la protección contra los demonios y la brujería que quieren atacarte. Llama a los ángeles para que te protejan a ti, a tu familia, amigos y vecinos. Su iglesia y lugar de trabajo, mientras viaja, trabaja, juega y compra. No tengas pecados sin arrepentirte en tu vida. Deshágase de los ídolos en su hogar, trastero, automóvil y corazón. (Ez. 14:1-11).

A principios de la década de 1980, mi madre me dijo que dibujara una línea de sangre espiritual alrededor de mis hijos. Yo hice esto mientras dormían en sus camas. Le arrojaron una botella de refresco de vidrio a mi hijo y a su amigo que iban en bicicleta. El amigo resultó herido pero mi hijo no. Cheryl Bryan contó una historia similar. Ella trazó una línea de sangre alrededor de la iglesia que impidió que una bruja llamada Samantha volviera a entrar.

Sus traumas pueden surgir mientras lee este libro. Yeshua te ayudará.

Ciertamente llevó él nuestras enfermedades, y sufrió nuestros dolores;
(Is. 53:4a).

El Espíritu del Señor está sobre mí, Por cuanto me ha ungido para dar buenas nuevas a los pobres; Me ha enviado a sanar a los quebrantados de corazón; A pregonar libertad a los cautivos, Y vista a los ciegos; A poner en libertad a los oprimidos; (Lu. 4:18)

Ato y reprendo, tomo autoridad y envío lejos a todo espíritu demoníaco que use este libro para dañar o condenar, y no para sanar y liberar, en el nombre de Yeshúa. Dave Bryan, en la Church of Glad Tidings, Yuba City, California., tuvo una Conferencia de Isaías 61 en marzo de 2022.[5] Dio 12 aspectos de la liberación, el último fue el "amor". Si no tienes amor, obtén la liberación del miedo y el odio antes de tratar de ayudar a otra persona.

Para expulsar a los espíritus, diga: "Ve, en el nombre de Yeshúa". Los espíritus pueden salir con una manifestación, como un bostezo, una tos o un eructo.

Si nunca ha tenido liberación, recibir liberación mientras ve varios videos de Profeta Benavides y Carlos Annacondia [6] u otro ministro en youtube varias veces antes de aprender de estos fuertes principados y demonios sobre la iglesia y la masonería.

Antes de comenzar las oraciones de liberación, arrepiéntase de sus pecados usando la oración de los Diez Mandamientos. (Vea el capítulo, Cómo Hablo con las Personas que Necesitan al Salvador).

Luego oren:

> *Traigo mi cuerpo, alma y espíritu bajo la autoridad de Dios el Padre (Abba Padre), Dios el Hijo (Yeshúa HaMashiach) y Dios el Espíritu Santo (el Ruaj HaKodesh). Cubro mi cuerpo, alma y espíritu con la sangre de Yeshúa (Jesús). Abre*

mi entendimiento, ojos espirituales y oídos a la revelación del Espíritu Santo. Enséñenme cómo usar estos capítulos para mi liberación de demonios, la de mi familia, mis amigos, mi iglesia y otros. Ato todos los temores que Satanás traería para evitar que recibiera liberación de este libro u otras fuentes.

1

El Nombre del Salvador, Yeshúa

Moses dijo: *"No tomarás el nombre del Jehová tu Dios en vano";* (Éxodo 20:7). *Jehová, ver abajo.*

Cuando comencé a testificar en 1996, conocía el nombre Yeshua, que es una transliteración del hebreo, ישוע. Aunque el Salvador responde a otros nombres, es mejor usar el nombre Yeshua y la palabra "Salvador" en su idioma. La seguridad de la vida eterna se promete a aquellos que creen en su nombre.

"Estas cosas os he escrito a vosotros que creéis en el nombre del Hijo de Dios, para que sepáis que tenéis vida eterna, y para que creáis en el nombre del Hijo de Dios."
1 Juan 5:13

"La fe en su nombre" sanó al hombre que nació cojo. (Hech. 3:16).

Nació en Belén, por lo que debe tener un nombre hebreo. (Miqueas 5:2, Lucas 2:1-7).

David H. Stern, *en su Jewish New Testament* Commentary (Comentario Judío del Nuevo

Testamento), dice que el nombre del Mesías se explica en base a lo que hará. *"Porque él salvará a su pueblo de sus pecados."* (Mat. 1:21b).

Ese "en inglés, saving people from sins" (salvando a la gente de los pecados) no es más razón para llamar a alguien Jesus que para llamarlo, Bill o Frank. "Yeshua" es una contracción del nombre hebreo 'Y'hoshua' (en inglés, "Joshua," en español, Josué) que significa "YHVH salva". (Vea Referencias).

Stern dice: "Yeshúa", ningún otro nombre, se traduce como Salvador. Otros nombres para el Salvador, como Yeshu, se originaron como un insulto y, a propósito, una mala pronunciación. Algunos usan YahShua o Yahusha para el nombre del Salvador.

Lew White, autor de *Fossilized Customs, The Pagan Origins of Popular Customs,* (Costumbres Fosilizadas, los orígenes paganos de las costumbres populares) dice que no existió 'J' hasta principios de la década de 1530 en ningún idioma. La Biblia King James fue la primera en usar el nombre "Jesús". White dice que una traducción griega era Iesous. La Compañía de Jesús, los jesuitas, popularizó el uso del nombre Jesús, estrechamente vinculado a dioses como el egipcio Isis y el griego Zeus. "El protestantismo tomó esta ortografía de "Jesús" de la institución católica, sin dudar nunca de su origen".[7]

Un hombre mayor, graduado de un seminario, dijo que uno de sus libros de texto validaba que el nombre de Jesús provenía de Zeus. Yo le compré el Nuevo Testamento Judío de David Stern, que usaba el nombre Yeshua.

El pastor Eloyse no usó el nombre Yeshua, pero sabía que Zeus era un nombre del Anticristo. Robertson indica que sobre el altar de Zeus en Pérgamo había un toro de bronce hueco en el que el mártir, Antipas (Apoc. 2:13), fue quemado vivo. Dijo que el altar fue trasladado a Alemania en la década de 1800 y exhibido en Berlín en el Museo de Pérgamo en 1930. Hitler adoraba a Zeus en este altar.[8] [9]

Dios dijo que su nombre es *"Yo Soy el que soy."* (Éxodo 3:14).

Kay, una mujer de una Iglesia Adventista del Séptimo Día en Nebraska, me envió una página diciendo que el "Yo Soy" es lo que necesito hoy. Yeshúa llamó a su padre "Abba". (Mar. 14:36). Yo no uso el nombre Jehová. Porque soy testigo, algunos creen erróneamente que soy testigo de Jehová.

Algunos usan Yahveh o Yahweh. El judaísmo rabínico no permitirá pronunciar el nombre. Dicen "Adonai" o "HaShem". Otro nombre es Yah.

"Porque mi fortaleza y mi canción es JAH Jehová, quien ha sido salvación para mí." (Is. 12:2). ("Yah the LORD" NKJV).

"En ese día, invocaremos y exaltaremos su nombre." (Is. 12:4b).

2

Mi Historia

Leí esta escritura a mi papá por teléfono antes de morir;

"En lugar de vuestra doble confusión y de vuestra deshonra, os alabarán en sus heredades; por lo cual en sus tierras poseerán doble honra, y tendrán perpetuo gozo."
(Isaías 61:7).

Johnstone dijo de Venezuela, "hay una ruptura moral en nuestra sociedad, reflejada por muchas familias monoparentales. La paternidad se asocia con demasiada frecuencia con el abuso, la violencia, la embriaguez y la irresponsabilidad. Aquellos que vienen a Cristo a menudo tardan años en trabajar a través de los aspectos negativos de su pasado."[10]

No crecí en Venezuela, pero me llevaría años trabajar a través de la negatividad de mi pasado. ¿Padres? ¿Qué pasa con mi madre, tío, abuelo y los hombres del ejército? El líder del grupo Yolkfellow que se reunió en la iglesia metodista, y mi instructor universitario, el Dr. Matuschka? Esta historia se desarrollará a medida que sigas leyendo. Ya que esta es mi historia corta, y este libro es corto, explicaré las ataduras y maldiciones con las que he lidiado y cómo he obtenido liberación en mi historia. Les cuento mi historia para animarlos a ustedes y a aquellos a quienes ministran. Sepan que todos los que desean pueden recibir liberación.

Jenny y Jesse Navarro, que tuvieron un orfanato en México. Me conocí a ellos porque me senté junto a ellos en la iglesia. Jenny Navarro me dijo que estaba llorando un día porque yo no era completamente libre. Una mujer sintió que mis problemas se debían a que yo mantenía las tradiciones judías. Dos mujeres creyeron que era porque yo estaba usando el nombre, Yeshúa. Otros dos creyeron que era porque yo estaba haciendo una guerra espiritual. Dos mujeres que apenas me conocían me elogiaron por mi guerra espiritual. Cuando la líder de oración en Beit Tikvah leyó la historia de mi vida, se dio cuenta de que mi lucha se debía a que había tenido muchos traumas.

La ascendencia de mis padres era de Alemania, las Islas Británicas y Escandinavia, donde se practica la brujería druida, pero mis familias eran luteranas.

Mi tatarabuelo y sus hermanos abandonaron Alemania cien años antes que Hitler, con una esposa judía y su familia, debido a las guerras católicas y protestantes. Aprendí en una boda en 2015 que el nombre de mi bisabuela indicaba que su familia son judíos sefardíes.

Nací en los Estados Unidos. Aunque la Guerra Revolucionaria ganó nuestra libertad de Inglaterra, los fundadores de nuestro país no pudieron liberarse de la masonería de Inglaterra. Expulsa esta maldición de ti y de tus hijos si tú, y si nacieron en cualquier país que haya estado bajo el dominio de Inglaterra y tenga masonería.

Nací en Nebraska en una fiesta de misa pagana de brujería, el 24 de diciembre. En 1894, se formó una orden secreta, Aksarben, Nebraska, deletreada al revés. La brujería deletrea las palabras al revés. Un guía espiritual y dos maldiciones sobre el primogénito llegaron en mi nacimiento. (Vea Maldiciones sobre el Primogénito, capítulo Liberación de Maldiciones).

Anna creía que mis padres no se habían reconciliado después de una discusión cuando fui concebida. Debido a que me enfermé tanto después de la Navidad de 2020 y 2021, Yeshúa me dijo que expulsara el odio que recibí de mis padres. Usé "La lista de liberación para espíritus familiares" para erradicar el odio. (Vea el apéndice G).

Encontré "La lista de liberación para espíritus familiares" en 2017. Lo usé por primera vez para la liberación cuando tenía miedo porque mi hermano mayor me había enviado una carta. En otras cartas, trató de controlarme. Cuando yo era niño, él y su amigo eran crueles. Al menos dos veces, llegué a casa sangrando.

Siendo tan efectivo en desterrar ese miedo, comencé a usar esto lista de liberación para otras ataduras espirituales. Lo he usado para liberarme del miedo y los traumas de 34 personas, algunas de las cuales se enumeran en esta historia. A veces necesito repetir las liberaciones. Yeshúa también me ha mostrado más liberaciones para la mayoría de ellos.

Fui bautizado cuando era un bebé, lo que trajo maldiciones y victimización. Anna me los entregó en 1999. (Ver Mi liberación de la confirmación, bebé Bautismo. este capítulo).

Mi madre había aprendido un estricto horario de alimentación de cuatro horas para un recién nacido en la escuela de enfermería. Por lo tanto, ella no respondió a mis gritos ni me recogió hasta que pasaron otras cuatro horas. Esto era brujería. Le dije en 1985 que estaba teniendo pensamientos de muerte, y ella admitió que nos había golpeado a mi hermano mayor y a mí, pero a ninguno de los niños más pequeños. Me enfermé y casi muero, así que ella oró por mí toda la noche. Tuve un sueño cuando era niño que me estaba cayendo pero no tocé fondo. Todavía me estoy liberando de esos miedos cuando siento dolor o tengo síntomas físicos de enfermedad. (Vea Traumas Infantiles, capítulo Liberación de Traumas). (Vea Loyola, Red Cross, Cruz Roja, Depresión Posparto, Apéndices I y O).

La madre era muy amable y de voz suave, aunque parece que tenía depresión o psicosis posparto después de muchos embarazos. No recuerdo sus palizas, pero sus oraciones después de mi divorcio todavía me benefician hoy. Después de su muerte en 2002, Yeshúa me dio un vistazo de ella desde los hombros hacia arriba. Era joven y hermosa, con el pelo hasta los hombros, y avanzaba.

Mi padre había crecido en una granja. Creía en romper los espíritus de sus hijos, como uno rompe un caballo, con azotes del cinturón en nuestras nalgas sobre su rodilla. El pastor Eloyse dijo que expulsara el deseo de muerte bajo un espíritu llamado Oblivio que ataca el cerebro.

También experimenté el abandono de mi padre, aunque él estaba en casa todas las noches, a menos que estuviera en un campamento bíblico o en una convención de la iglesia. Este rechazo emocional me hizo ser vulnerable a los "Falsos Padres" cuando era niño y durante mis años de adulto joven. (Vea Belcebú, lista 80, apéndice E).

Hubo traumas de abuso sexual infantil por parte de los hombres que remodelaron la iglesia y hombres del ejército que se quedaron en nuestra casa para abrir las carreteras después de una tormenta de nieve. También un tío, un abuelo y niños en campamentos bíblicos.

Mi primo y yo hablamos por teléfono en 1991. Por lo que dijo que su padre había confesado, nuestros antepasados habían querido que los niños durmieran juntos. Mi padre desaprobaba este incesto; nos sorprendió a los niños jugando al doctor y nos azotó. Mi prima cree que su padre llegó a mi madre. Tuvo que trabajar en América del Sur debido a su comportamiento hacia las mujeres. Creo que perpetró contra tres generaciones en nuestra familia. Pero mi hermana hizo que un pastor de la Asamblea de Dios orara con él antes de morir. Él está en el cielo. (Vea Lutero, Antisemitismo, capítulo Liberación de Maldiciones).

Sin embargo, el 18 de diciembre de 2018, una mujer que conocí en un culto domiciliario el viernes por la noche oró por mí. Ella dijo que Jesús le mostró una granja y colinas onduladas. También me dijo que vio a Jesús sosteniéndome como su corderito. Le dije que era donde viví los primeros ocho años de mi vida. Debido a que Yeshúa estaba allí para abrazarme, estoy vivo hoy. Ella también me aconsejó mientras editábamos el capítulo de Mi Historia. Mis primeros recuerdos son de la maestra de escuela dominical escribiendo en la pizarra lo que Yeshúa dijo.

"Yo soy la puerta. Yo soy el buen pastor."
(Juan 10:9a, 11a).

Cada verano, íbamos a un campamento bíblico familiar que me encantaba. Había clases por la mañana, enseñanza por la tarde en la capilla, natación y servicios nocturnos en el enorme tabernáculo.

Mi mamá y mi papá recibieron el Espíritu Santo en 1962. Esto cambió a la familia, pero yo estaba lejos en la escuela secundaria.

La Inducción de Mi Padre en la Orden de la Flecha de los Boy Scouts

En 1959, mi padre fue indujo en la Orden de la Flecha de los Boy Scouts. Mi madre, seis hermanos y yo asistimos a esta ceremonia de fogata, pero soy la única que lo recuerda. Había tambores, líderes Scouts casi desnudas que llevaban solo enormes tocados de plumas de águila y taparrabos, bailando alrededor de la fogata, cantando: "wow, wow y wow". Los tambores y este canto son tanto nativos americanos como africanos. Los escucho en las iglesias, y no me gustan. A menudo expulso estos espíritus de mí y de mi familia porque mi segundo marido también fue indujo en esta orden. Entonces me sentí atraído por personas que estaban en Boy Scouts y la masonería. Más tarde aprendí que el Movimiento Scout es de origen masón. (Ver Adoración de los Dioses de los Pueblos Indígenas, capítulo No tienen otros dioses).

Mi padre no creía en bailar, beber alcohol, jugar a las cartas, usar drogas ilegales, fumar o ver programas de televisión terribles. Solo tuvo una novia toda su vida, mi madre. En 2005, el verano antes de morir, dijo que deseaba nunca haber estado en ese orden.

Esta ceremonia pagana de Boy Scouts, así como las maldiciones del bautismo infantil y los abusos sexuales infantiles, trajeron problemas en nuestros años de adolescencia y adultos. El maltrato a los niños rompe el corazón de Dios.

Después de la iniciación de mi padre en esta orden de Scouts que era como brujería, tres depredadores en este pequeño pueblo victimizaron a mi familia. Traté de contarle a mi madre sobre el hijo del policía que entraban con frecuencia en nuestro sótano. Ella dijo que era amigo de mi hermano y descartó mi preocupación. El único de los tres que mis padres se enteraron recibió 15 años de cárcel. Entonces mi padre pidió que lo trasladaran a una parroquia diferente, pero todavía no estábamos a salvo. Un hombre le preguntó a mi padre si un hermano podía venir a trabajar para él. Mi hermano lo resistió cuando trató de molestar de él.

De acuerdo con la diosa egipcia masónica, Isis, mis hermanas guardaron estos secretos; No podían contarles a mis padres sobre este adolescente malvado. No pude superar estos ataques contra mis hermanas. Lo pensaba todos los días. Recientemente fui aterrorizado en un día de un sabbat de brujas, temiendo que este hombre, aunque ha fallecido, vendría y violaría a mis hermanas. (Véase el Apéndice A).

Fracaso, Tristeza y Salvación

Fui a escuelas secundarias luteranas en dos ciudades diferentes y me gradué como salutatoriano. Fracasé en mi primer intento de ser enfermera. Por otra parte, cuando mi primer hijo era un bebé, me retiré de la capacitación de enfermeras cuando nos mudamos.

Una tabla Ouija me dijo el nombre de mi primer marido. Las privaciones severas y las perversiones en este matrimonio me prepararon para el líder del grupo de la iglesia Yokefellow. Una alianza diabólica entre mi esposo y este líder casi me destruyó. El jefe de mi esposo lo hizo unirse a los Jaycees; una "Hermandad" conectada a los masones. Más tarde, este líder de grupo se convirtió en un Shriner en la masonería.

Mi relación con el líder del grupo de la iglesia Yokefellow me hizo retirarme de tres organizaciones de mujeres donde yo ocupaba cargos. Me dio un libro para leer, escrito por una prostituta. No necesitaba hacerlo porque los espíritus de Krodeus y la adicción sexual pueden venir con estas traiciones sexuales. (Vea la Lista de Liberación para Espíritus Familiares, Apéndice G).

Me chantajeó con la amenaza de perder a mis hijos si no aceptaba el intercambio de pareja. Bloqueé el chantaje hasta 1990.

Dejé la escuela después del tercer año en mi tercer intento de ser enfermera, pero todavía sueño con volver a ingresar a la escuela de enfermería. Lo bueno que vino de esto son mis hijos, y comencé a ir a la iglesia Asamblea de Dios. Creé un letrero y lo puse en nuestro refrigerador.

"*Cristo en (mí), la esperanza de gloria.*"
(Col. 1:27b).

Diez años más tarde supe que yo había sido violada bajo hipnosis durante 14 sesiones con un psicólogo, el Dr. Matuschka, mi instructor de Psicología Anormal. Amenazó con matarnos a mis hijos y a mí si se lo contaba a un alma. Cuando llamé al Nebraska Asociación Psicológica, acababa de perder su licencia. (Ver y echar fuera Belcebú, falso padre, lista 80, Apéndice E).

Seguí adelante para ser "salvo" cuatro veces de 1961 a 1996 y recibí bautismos de inmersión en 1983 y 1984.

Comienzo de la Liberación, la Discapacidad y el Nuevo Matrimonio

Descubrí que muchas personas que han sido abusadas cuando eran niñas fueron victimizadas en matrimonios y otras relaciones. Herman verificó esto, diciendo que también pueden hacerse daño a sí mismos. Los hombres que fueron abusados cuando eran niños son más propensos a abusar de otros.[11]

No podía protegerme. Debido a la continua revictimización en Nebraska, mi hermano me ayudó a mudarme a Colorado en 1983 para la liberación. Limpiaba casas, vivía y trabajaba en la casa del pastor Eloyse, y tenía otro trabajo a tiempo parcial.

El Pastor Eloyse invitó al Pastor Tom Fritch a hablar sobre testificar en un campamento de verano. Dijo que siempre elogió a la persona a la que estaba testificando[12]. Tuve tres años de exposición en el lugar de trabajo a un solvente orgánico. Recibí discapacidad en 1990 y me mudé de CLF.

En 1991, el matrimonio entre mi segundo esposo y yo fue oficiado por el Pastor Fritch. Mi esposo y yo comenzamos a asistir a las congregaciones mesiánicas. Mientras yo guardamaba las fiestas y los sábados y quitaba la sangre y la grasa de nuestro carne, vi que Yeshua comenzaba a sanarme.

Ignorar muchas advertencias es típico de las personas maltratadas. (1 Cor. 10:13). Cada vez que yo ignoraba una advertencia, traía otro trauma. Me uní a otras dos mujeres traumatizadas por profesionales psiquiátricos y formé un grupo de apoyo en una iglesia de Arvada para la liberación y la curación. El pastor visitó nuestro grupo varias veces y nos enseñó.

En agosto de 1996, Bill Fay enseñó sobre testificar en la misma iglesia de Arvada.[13] Me emocionó el versículo que usó. Durante siete años, utilicé el método de Fay para testificar, mucho en el autobús urbano.

"Estas cosas os he escrito a vosotros que creéis en el nombre del Hijo de Dios, para que sepáis que tenéis vida eterna,"
(1 Juan 5:13a).

Mi Liberación de la Confirmación, Bebé Bautismo y Esclavitudes Masónicas

Un sábado de 1998, sentí que debía regresar a CLF. En 1999, Anna, mi consejera de liberación, estaba enferma en casa cuando vine a recibir consejería. Ella me instruyó, por teléfono, a orar en lenguas durante cinco minutos y luego llamarla varias veces seguidas. Cuando hice esto, aprendí que un espíritu de perfección había entrado en mí cuando fui confirmado en la iglesia luterana. Luego, en muchas sesiones semanales, Anna me ministró liberación de la confirmación, el bautismo infantil, las ataduras masónicas y una trinidad demoníaca sobre mi familia. (Vea Bautismo Infantil, catitulo, No Tener Otros Dioses. Vea Lutero (Luther) Antisemitismo, capítulo Liberación de Maldiciones)

"Os daré corazón nuevo, y pondré espíritu nuevo dentro de vosotros; y quitaré de vuestra carne el corazón de piedra, y os daré un corazón de carne. Y pondré dentro de vosotros mi Espíritu, y haré que andéis en mis estatutos, y guardéis mis preceptos, y los pongáis por obra."
(Ezeq. 36:26-27).

Sabía que mi nombre estaba escrito en el cielo. Ya no necesitaba responder a los llamados al altar para ser salvos.

"He aquí os doy potestad de hollar serpientes y escorpiones, y sobre toda fuerza del enemigo, y nada os dañará. Pero no os regocijéis de que los espíritus se os sujetan, sino regocijaos de que vuestros nombres están escritos en los cielos."

(Lucas 10:19-20).

Muchos Reciben al Salvador

En 2003, Yeshúa me enseñó diferentes preguntas para hacer mientras testificaba, pero conservé dos de las preguntas de Fay. "¿Crees que hay un cielo y un infierno? Y, ¿a dónde irás cuando mueras?" Muchas más personas comenzaron a decir "sí" al Salvador. Las personas hispanas y las personas sin hogar eran más propensas a decir "sí". Dejé de contar en abril de 2010, con más de 1.500. Muchos también habían renunciado a su bautismo infantil. Me convertí en tan ocupado presenciando que dejé de trabajar con Denver Right to Life, Derecho a la Vida contra la eutanasia y el aborto y en mi clase de acuarela.

Aprender una Maldición Viene con el Bautismo Infantil

En 2008, estaba esperando que el autobús de la ciudad se fuera a casa, pero decidí regresar a la oficina de CLF. Anna estaba limpiando su escritorio, lo que reveló un patrón de liberación que nunca había visto. Me sorprendió ver que una maldición había entrado en mí por el bautismo infantil, que fue heredado por mis hijos. (Vea Bautismo Infantil, catitulo, No Tener Otros Dioses).

Oposición al Evangelio

Hay una guerra contra el evangelio. (Mateo 24:9-14). Yeshúa nos advirtió que sufriríamos si hacíamos lo que él nos dijo que hiciéramos. Pero no debemos ofendernos. (Marcos 10:29-30; Juan 16:1-3; 2 Timoteo 3:12). La gente odia a Dios pero no puede matarlo, por lo que atacan a los judíos y a los creyentes, especialmente a aquellos que traen las buenas nuevas. (Éxodo 20:5; Juan 15:20).

Ora para que los ángeles te ayuden y protejan mientras testificas.

"¿No son todos espíritus ministradores, enviados para servicio a favor de los que serán herederos de la salvación?"

(Heb. 1:14).

Una familia misionera iba a un país predominantemente católico. Traté de decirle a la esposa que la gente necesitaba ser liberada de las ataduras del bautismo infantil, pero el pastor me interrumpió y dijo que no podía hablar con ella. Más tarde supe que la iglesia católica fundó secretamente esta iglesia, pero dudo que el pastor estuviera al tanto de esto. Tifón se opone al ministro de liberación. (Ver capítulo Liberación de maldiciones y Apéndice I).

Obtuve permiso del pastor en una iglesia en México para preguntar después del servicio si estaban seguros de ir al cielo, pero un hombre con un espíritu religioso me detuvo. Lo mismo ocurrió en una fiesta de diciembre en un parque para los pobres que vivían en la colina.

"Y los enemigos del hombre serán los de su casa." (Mateo 10:36).

Algunos de los miembros de mi familia no quieren que evangelice en sus vecindarios. Varios otros no me permitirán hablar con ellos o leerle la Biblia a mi nieto.

En México, mi suegro y su vecino se opusieron a que testificara a las sirvientas y jardineros cuando venían a trabajar. Diez años después, mi suegra y la esposa del vecino murieron de cáncer. El médico dijo que mi suegra tuvo cáncer durante diez años. (Deut. 7:15). Ahora, inmediatamente perdono los pecados de estas personas que se oponen a mi testimonio porque no quiero que contraigan cáncer. (Ver capítulo Remitentes de pecados).

En diciembre de 2012, llamé a mi suegra y le dije que Yeshúa podría curarla del insomnio. No se había enterado de que tenía cáncer. Ella dijo "sí" al Salvador y murió en mayo. Una canción vino a mí, "Levántate, brilla, da gloria a Dios", cuando le pregunté a Yeshúa si estaba en el cielo. Sabía que lo era. La enfermera y cuidadora de mi suegro lo llevó a la iglesia. Creo que aceptó al Salvador.

Rebecca Brown, autora de *El Vino a Dar Libertad a Los Cautivos*, dijo que las brujas estaban tratando de matarla en el hospital donde hizo su pasantía. Estaba prohibido testificar. Las Biblias de Gedeón fueron removidas, y no había capellán. A los ministros se les "prohibió visitar a cualquier persona excepto a sus feligreses."[14] Después de graduarse, regresó al hospital. Elaine, la bruja principal allí, necesitaba tratamiento médico y quería liberación.[15]

He encontrado estas mismas restricciones en algunas instalaciones médicas, especialmente en la vida asistida, hogares de ancianos y otras instalaciones para enfermos mentales. Pero mucho personal médico recibirá mi literatura. Excepto en los países budistas, hindúes, comunistas o islámicos, uno debería poder presenciar libremente en las aceras públicas y en los parques públicos. Los grupos legales cristianos pueden defenderlo si es arrestado por testificar en estos lugares.

3

La Inquisición Española y su Efecto Hoy

Hemos estado inmersos en una cultura impía, incluso en nuestro lugar de culto, y obligados a adorar a otros dioses. David dijo que había una maldición sobre los hijos de los hombres, que lo expulsaron de su tierra y lo obligaron a adorar a otros dioses mientras se escondía del rey Saúl. (1 Sam. 26:19). No mucho después de que Yeshúa regresara al cielo, a todos los creyentes se les prohibió guardar las fiestas y sábados bíblicos. Sánchez documenta que durante miles de años, las mentiras han propagado el odio al pueblo judío, especialmente a través de las falsas doctrinas de la Teología del Reemplazo y el Reino Ahora.[16]

El Pueblo Judío Sefardí

Dell Sánchez vino a Denver varias veces y estuvo en el programa de televisión de Sid Roth.[17] Aprendí que el pueblo judío sefardí es del reino del sur, las tribus de Judá y Benjamín, que fueron llevadas cautivas a Babilonia.[18] El pecado de Salomón causó la separación de las 12 tribus de Jacob. Las diez tribus del norte de Israel adoraban dioses falsos y fueron dispersadas en Asiria. (1 Reyes 11:1-13; 2 Reyes 17:6).

Además del pueblo judío sefardí, también hay Ashkenazi y el pueblo judío etíope.

"Porque como los cielos nuevos y la nueva tierra que yo hago permanecerán delante de mí, dice Jehová, así permanecerá vuestra descendencia y vuestro nombre."
(Is. 66:22).

Sánchez llamó nuestra atención sobre el aún no cumplido profecía de Abdías 20.

"Y los cautivos de este ejército de los hijos de Israel poseerán lo de los cananeos hasta Sarepta; y los cautivos de Jerusalén que están en Sefarad (España) poseerán las ciudades del Neguev."
(El sur de Israel). (Abdías 20).

Las referencias bíblicas a España, Tharshish o Tarsis son 1 Reyes 10:22, Jonás 1:3 y Romanos 15:24.

En 1492, los judíos en España tuvieron que convertirse al catolicismo o abandonar España. Para escapar de esta Inquisición española, Sánchez dijo que algunos fueron al norte de África, Europa, Turquía e Israel. Algunos llegaron al Nuevo Mundo con Cristóbal Colón, Cortés y Carvajal. Fueron a las islas del Caribe, la costa norte de América del Sur y la costa este de América Central.[19]

Sánchez dijo que aquellos que escaparon de la Inquisición española estuvieron a salvo en el Nuevo Mundo por menos de treinta años. Cuando llegó la Inquisición, nuevamente fueron obligados a bautizar a sus bebés, rezar a María y comer carne de cerdo.[20] Las comunidades fueron separadas y las familias fueron obligadas a casarse con los pueblos indígenas. Muchas personas hispanas con las que hablo en Colorado dicen que son mitad indios americanos. (Ver Adoración de los Dioses de los Pueblos Indígenas, capítulo No tienen otros dioses).

Johnson dice que 341.000 fueron asesinados en la Inquisición española. Entre las torturas, alrededor del diez por ciento fueron quemados vivos. Especialmente atacados fueron aquellos que practicaban un estilo de vida judío en secreto.[21]

Un veterano sin hogar de la guerra de Irak y Afganistán dijo que su familia vino con Cortez en 1550. Sabía sobre la tortura en el estante y que algunos tenían una habitación secreta en la que adorar.

Todos los judíos, no sólo los judíos sefardíes, han sufrido. Dos hispanos me contaron la semana pasada cómo son odiados y maltratados. Algunos aceptaron el bautismo por aspersión, con la esperanza de detener la persecución contra ellos.

Sánchez cree que una quinta parte de los hispanos en el hemisferio occidental son descendientes de judíos anusim sefardíes.[22] Anusim significa ser forzado (a ser católico). Mandryk dijo que muchos católicos hispanos en los Estados Unidos hoy en día son evangélicos, y casi el cincuenta por ciento son carismáticos.[23]

Encontré un servicio dominical de cuatro horas en una iglesia hispana mientras visitaba a mis padres. El pastor vino a visitar a mi padre y luego habló en el funeral de mi padre. Buscando una iglesia como esta, he asistido a varias iglesias hispanas aquí y en México.

Debemos ir primero al pueblo judío. (Rom. 1:16). Un pasajero en el autobús de la ciudad de Denver me preguntó por qué solo estaba hablando con los hispanos.

La mayoría de los judíos españoles todavía ignoran u ocultan el secreto de su identidad judía. Una joven dijo que su madre agarró la literatura judía española que le di, aterrorizada de que su familia supiera que eran judíos.

¿Por qué el terror? Porque Nury Rivera, la viuda de Alberto Rivera, un ex sacerdote jesuita, dijo que las Inquisiciones nunca han terminado.[24]

Le conté a una joven madre hispana sobre los programas de televisión cristianos en español. ¡Estaba tan agradecida de haberme dado la muñeca que había recibido cuando su bebé fue bautizado!

Otra vecina hispana sabía que era judía, pero no renunciaría a su creencia en los santos, el bautismo infantil o el catecismo. Quería saber sobre las maldiciones y necesitaba liberarse de los traumas. Ella se arrepintió de sus pecados, usando los Diez Mandamientos, aceptó la sangre de Yeshúa para lavarlos, y ahora está en el cielo. Leemos versículos sobre las fiestas bíblicas, además de 1 Pedro 1:18-19 y Juan 3:1-17.

Un hombre en la sala de espera de una clínica dijo que clamó a Dios, y su vida se salvó, aunque perdió parte de una pierna en Vietnam. Mientras esperábamos para ver a los médicos, le dejé leer el libro de Sánchez, *El Ultimo Exodo*. Haber encontrado la identidad de su pueblo, los judíos españoles, aceptó al Salvador y pidió oración por su novia y su hija.

Mis suegros compraron una casa en México en 1999. Caminé alrededor de un bar, haciendo guerra espiritual. ¡Al año siguiente, el gerente quería literatura para cada uno de sus empleados!

En mi visita en 2006, once personas en México se arrepintieron de sus pecados, y dos renunciaron a sus ataduras católicas. Le di Biblias a tres de ellos.

En un viaje misionero a México en 2017, con un pastor y otras tres personas, ministré liberación a una mujer en un hospital psiquiátrico.[25] Yo tenía una Biblia bilingüe, que me ayudó a comunicarme con ella, y le di una Biblia y escribí versículos para que leyera después de que me fuera.

Los descendientes de estas personas necesitan la liberación que recibí en 1999 del bautismo infantil, el catecismo y la masonería, y necesitan liberación de muchas experiencias traumáticas.

El Dr. Sánchez dijo que una maldición había venido sobre los judíos sefardíes de la Inquisición.[26]

Dejé una iglesia hispana porque el pastor no creía que la gente de su iglesia pudiera tener maldiciones que les impidieran saber que tenían vida eterna.

4

Perdonar Pecados

El Mesías, Yeshúa, tiene el poder de perdonar pecados y dijo que haríamos obras mayores que él. (Mateo 9:6; Juan 14:12). Rexa Daniels, la pastora asistente de CLF, enseñó sobre "remitir pecados" el 21 de octubre de 1987.

"Entonces Jesús les dijo otra vez: Paz a vosotros. Como me envió el Padre, así también yo os envío. Y habiendo dicho esto, sopló, y les dijo: Recibid el Espíritu Santo. A quienes remitiereis los pecados, les son remitidos;

(Juan 20:21-23a).

En 1987, comencé a remitir los pecados de mi familia en oración. Estas oraciones serían cruciales para la entrada de mi Padre y de mi nieta al cielo. Usé los Diez Mandamientos, Daniel capítulo 9 y otras escrituras para perdonar pecados.

Después de que mi madre murió en 2002, continué visitando a papá durante tres semanas a la vez. Yeshúa me mostraría la guerra espiritual necesaria en la casa y el patio, y también yo llamaría a Anna para pedirle consejo. Mi padre y yo orábamos y cantábamos, incluso por teléfono, cuando estaba en Denver. Y estudiaríamos la Biblia juntos. Incluso cabalgamos con un amigo a una congregación mesiánica. Siento que me uní a él, espiritualmente, más que nadie en mi vida. Aunque mis padres fueron salvos en un campamento bíblico para jóvenes, yo estaba preocupado por la salvación de mi padre porque él había bautizado bebés en la iglesia luterana. (Vea Bautismo de Infantes, capítulo No Tener Otros Dioses).

Al final de su vida, papá sabía que el bautismo infantil y la Confirmación no eran el camino al cielo, pero, teniendo demencia, no podía arrepentirse por haber bautizado bebés. En enero de 2006, le leí Isaías 61: 1-3 y v.7 por teléfono.

"El Espíritu de Jehová el Señor está sobre mí, porque me ungió Jehová; me ha enviado a predicar buenas nuevas a los abatidos, a vendar a los quebrantados de corazón, En lugar de vuestra doble confusión y de vuestra deshonra, y tendrán perpetuo gozo."

(Is. 61:1a, 7a, c.).

También le leí el mejor verso que pude encontrar sobre la sangre del Mesías.

"Sabiendo que fuisteis rescatados de vuestra vana manera de vivir, la cual recibisteis de vuestros padres, no con cosas corruptibles, como oro o plata, sino con la sangre preciosa de Cristo, como de un cordero sin mancha y sin contaminación."

(1 Pedro 1:18-19).

Papá sabía acerca de la sangre de Jesús para lavar sus pecados. Él respondió con un coro. "¿Qué puede lavar mi pecado? Nada más que la sangre de Jesús."[27]

Anna y yo nos reunimos los siguientes tres martes para orar por él. Durante la primera semana, pasamos varias horas pidiéndole a Jesús que lo perdonara por todos sus pecados, incluyendo bautizar bebés. Entonces un hermano que lo cuidaba dijo que tenía un sueño. Jesús se acercó a él y le dijo que sus pecados habían sido perdonados. Tenía algo que ver con su hija, Ruth. Gracias, Yeshúa.

Mi nieta también está en el cielo porque le remití sus pecados mientras yo perdonaba los pecados de toda la familia.

No Remitas un "Pecado Hasta la Muerte"

"Si alguno viere a su hermano cometer pecado que no sea de muerte, pedirá, y Dios le dará vida; esto es para los que cometen pecado que no sea de muerte. Hay pecado de muerte, por el cual yo no digo que se pida."

(1 Juan 5:16).

¿Qué es un pecado para la muerte? 1 Corintios 6:9-11 y Apocalipsis 21:8 enumeran los pecados, algunos de ellos en los Diez Mandamientos, agregando brujería, fornicación, embriaguez y ser afeminado o temeroso. El único pecado imperdonable es la blasfemia contra el Espíritu Santo. (Mar. 3:28-29).

Todos los demás pecados pueden ser perdonados, pero de un pecado que conduce a la muerte, creo que la persona necesita arrepentirse y detener el pecado por sí misma.

¿Necesitan los Cristianos Arrepentirse?

Tanto Juan el Bautista como Yeshúa vinieron, predicando; (Mat. 3:2; 4:17).

En 1985, mi padre me envió una carta diciendo: "Dios nos está llamando a arrepentirnos porque nos ama". Si uno no se arrepiente antes de tomar la comunión, uno podría debilitarse, enfermarse y morir. (1 Cor. 11:30).

Si tienes conciencia y lees la Biblia, el Espíritu Santo te mostrará de qué pecados debes arrepentirte.

El pecado sin arrepentimiento es grave. Durante dos semanas, los niños del orfanato de H.A. Baker en China viajaron al cielo sin morir y vieron visiones de demonios e infierno. Vieron la muerte de un cristiano profesante que no se había arrepentido verdaderamente. Los demonios lo ataron antes de que estuviera completamente fuera de su cuerpo, y "aterrorizado, fue arrastrado y empujado al infierno."[28] Necesitamos estar en contra de un bloqueo demoníaco al arrepentimiento.

En el libro *6 Big Big Big Angels*, un niño se estaba arrepintiendo de pelear con otro niño cuando murió en un accidente automovilístico y se fue al cielo. (Vea Referencias).

5

Saber que Tienes Vida Eterna y Cuestionario

Quiero que la gente esté segura de ir al cielo cuando mueran. El apóstol Juan habla de esto como "vida eterna." Saber que uno tiene vida eterna y conocer el nombre del Salvador son ambas cosas importante.

> *"Estas cosas os he escrito a vosotros que creéis en el nombre del Hijo de Dios, para que sepáis que tenéis vida eterna, y para que creáis en el nombre del Hijo de Dios."*
> (1 Jn. 5:13a).

They Thought for Themselves (Pensaron por sí mismos) es un libro con historias de Sharon Allen y nueve otro personas judías que llegaron a conocer Yeshúa, sus Mesías judío. Al comentar sobre la historia de Allen, Sid Roth dice que si uno no está seguro de ir al cielo antes de morir, ¡su destino es un aborrecimiento eterno![29]

La Promesa del Salvador

Lucifer fue expulsado del cielo debido a su rebelión contra Dios. (Is. 14:12-23).

"Por lo cual alegraos, cielos, y los que moráis en ellos. ¡Ay de los moradores de la tierra y del mar! porque el diablo ha descendido a vosotros con gran ira, sabiendo que tiene poco tiempo."
(Apoc. 12:12)
Lucifer mantiene a la gente en prisión. (Is.14:17). Yeshúa nos hace libres! (Is. 61:1, Luc. 4:18) Su nombre fue cambiado a Satanás. (Luc. 10:18).

"El ladrón no viene sino para hurtar y matar y destruir; yo he venido para que tengan vida, y para que la tengan en abundancia."
(Jn. 10:10). (Vea Is. 14:12-21).

En Génesis 3:15, Dios prometió que enviaría al Salvador que heriría la cabeza de la serpiente, Satanás.

"Pero cuando vino el cumplimiento del tiempo, Dios envió a su Hijo, nacido de mujer y nacido bajo la ley, para que redimiese a los que estaban bajo la ley, a fin de que recibiésemos la adopción de hijos."
(Gál. 4:4-5).

"Porque de tal manera amó Dios al mundo, que ha dado a su Hijo unigénito, para que todo aquel que en él cree, no se pierda, mas tenga vida eterna. Porque no envió Dios a su Hijo al mundo para condenar al mundo, sino para que el mundo sea salvo por él."
(Jn. 3:16-17). (Vea Rom. 10:9).

Los líderes religiosos influyeron en muchos contra Yeshúa. (Mar. 3:1-6; Jn. 11:45-53).

"A lo suyo vino, y los suyos no le recibieron."
(Jn. 1:11)

La multitud tomó una maldición sobre sí misma, pidiendo por la crucifixión de Yeshúa.

"Y respondiendo todo el pueblo, dijo: "Su sangre sea sobre nosotros, y sobre nuestros hijos.""
(Mat. 27:25).

"Pedro les dijo: Arrepentíos, y bautícese cada uno de vosotros en el nombre de Jesucristo para perdón de los pecados; y recibiréis el don del Espíritu Santo. Porque para vosotros es la promesa, y para vuestros hijos, y para todos los que están lejos; para cuantos el Señor nuestro Dios llamare."
(Hech. 2:38-39; Vea Is. 54:13).

"Porque esto es bueno y agradable delante de Dios nuestro Salvador, el cual quiere que todos los hombres sean salvos y vengan al conocimiento de la verdad."
(1 Tim. 2:3-4).

Lo Que Yeshúa Nos Ordenó Hacer

"Y será predicado este evangelio del reino en todo el mundo, para testimonio a todas las naciones; y entonces vendrá el fin."
(Mat. 24:14).

Yeshúa contó esta historia.

"Dijo, pues: Un hombre noble se fue a un país lejano, para recibir un reino y volver. Y llamando a diez siervos suyos, les dio diez minas, y les dijo: Negociad entre tanto que vengo."
(Luc. 19:12-13).

Esto significa que debemos llamar al arrepentimiento y la salvación de los perdidos antes de Yeshúa regresan. (Mar. 16:15-18, Jn. 20:21).

"Que Dios estaba en Cristo reconciliando consigo al mundo, no tomándoles en cuenta a los hombres sus pecados, y nos encargó a nosotros la palabra de la reconciliación."
(2 Cor. 5:19).

Yeshúa nos ordena ir con el evangelio y echar fuera demonios. Debido a que los creyentes, por generaciones, no han obedecido, las familias, las iglesias, las ciudades, los estados y nuestros países no son saludables. Muchos incluso son ateos o adoran a Satanás.

Preocupación por las Maldiciones

En 1987, comencé a orar para que los pecados de mi familia fueran perdonados. Sin embargo, más recientemente, me he interesado en orar por la protección de las personas y exponer y despedir las maldiciones. Estos pueden traer destrucción y enfermedad. Me impresionó deshacerme de las maldiciones que venían contra familiares cercanos después de acostarme un domingo por la noche. A la mañana siguiente, mi hijo llamó y me dijo que mi nieto no tenía heridas, aunque su automóvil quedó destrozado después de salirse de la interestatal y chocar contra un árbol. Gracias, Yeshúa.

Tom Horn documenta que los sacramentos de la iglesia son brujería. (Apoc. 18:23). (Vea Bautismo de Infantes, capítulo No Have Other Gods).

Park dijo que la brujería de los títeres, la música rock, la magia y otros dispositivos de Satanás, ciega los ojos, embota los oídos y apaga la conciencia para que la gente defienda estas mentiras. Ella dijo que el Espíritu Santo abre su comprensión a las fuerzas destructivas en estas obras. (Heb. 5:11; 1 Tim. 4:2).[30]

Esta brujería trae maldiciones que impiden que las personas en la iglesia estén seguras de ir al cielo, aunque saben que Yeshúa murió por sus pecados.

Una mujer en Nebraska, muchos años después, dijo que no creía que mi esposo y yo realmente fueramos salvo cuando asistíamos a la iglesia menonita y él dirigía el coro en la década de 1970. No lo estábamos. (Vea Muerte Espiritual, capítulo No Tener Otros Dioses).

Es mejor hacer estas preguntas personalmente e inmediatamente ministrar a la persona que tiene una razón equivocada para ir al cielo. Es posible que no vuelvas a encontrarte con esta misma persona.

Sin embargo, es probable que esta persona necesite mucho consejo y liberación.

Un ejemplo de esto es: una anciana en la celebración del aniversario de mi hermana estaba segura de que iría al cielo después de decir sí al Salvador y arrepentirse usando los Diez Mandamientos. Varios años después oré con ella porque estaba enferma. Había perdido la seguridad de su salvación. La razón era que necesitaba liberación de muchos traumas en el pasado y en el presente, siendo severamente desatendida por sus hijos adultos.

La Respuesta a mis Cuatro Preguntas en Cuatro Iglesias Hispanas y una Otra Iglesia

Dos de las iglesias hispana donde las personas respondieron lo hicieron después de una enseñanza de la Pascua de los hebreos, arrepintiéndose de sus pecados, aceptando el cuerpo y la sangre de Yeshua, y tomando el pan y la copa. El otro, después de arrepentirse y aceptar su sangre para lavar ellos pecados.

Diez de las doce personas que no estaban seguras de ir al cielo sabían que Jesús murió por sus pecados. Esto contradice la creencia de que las personas que no están seguras de ir al cielo han rechazado al Salvador.

Existe la creencia errónea de que si uno es cristiano o si tiene el Espíritu Santo, no necesitará liberación. El Espíritu Santo, por el contrario, expone aquello en lo que una persona necesita liberación. Los ministerios de liberación no podrían operar sin el Espíritu Santo. En Marcos 16:17, una señal de un creyente se menciona como liberación. Muchos cristianos están recibiendo liberación ahora.

¿Cuatro de los doce que no estaban seguros de ir al cielo dijeron que iban al cielo por Dios (El Senor), en lugar de Jesucristo?

En una Iglesia Carismática Evangélica Hispana, la Pascua de los Hebreos, Marzo de 2021.

Ocho estaban seguros. Ocho no estaban seguros del cielo. Dos no responderían o no podrían responder.

En una Iglesia Carismática Hispana, la Pascua de los Hebreos, Abril de 2023

Aproximadamente seis personas no respondieron las preguntas.

De los que lo hicieron, cuatro estaban seguros, cuatro no estaban seguros del cielo.

En una Iglesia Hispana, Mayo de 2023

Cinco estaban seguros, quince no estaban seguros del cielo.

En una Congregación Mesiánica Hispana Diciembre de 2022 y Enero 2023

Aunque había asistido a esta congregación hace años, fui recibido calurosamente.

Nadie estaba seguro de ir al cielo, excepto un joven que se arrepintió de sus pecados usando los Diez Mandamientos.

Se aferran a la falsa doctrina del "sueño del alma", creyendo que uno descansa en la tumba después de la muerte a espera el juicio.

En una Iglesia de Refugiados Africanos Recientes

El pastor asistente, también el líder musical, respondió cuando le dije que quería que él estuviera seguro de ir al cielo, "eso es un asunto privado." Un guardia de seguridad en un gran ministerio sabático dijo lo mismo.

Una persona cree que se va al infierno.

Un miembro creyente influyente dijo: "porque Dios me dijo que lo haría".

Adolescentes o adultos jóvenes de al menos 3 familias no estaban seguros de ir al cielo, aunque sus padres sí lo estaban.

Dediqué mi libro a una mujer de América del Sur que asistió una vez.

Tres de estas cinco iglesias pertenecen a denominaciones de iglesias. Las iglesias independientes son las mejores, pero pueden estar infiltradas, como las demás, por brujas, masones o jesuitas. (Vea Apéndice I).

Todo este libro está escrito para personas dentro o fuera de la iglesia que no saben que tienen vida eterna. Especialmente para el pueblo hispano. Las maldiciones de la Inquisición deben ser echan fuera. En el capítulo, No Tener Otros Dioses, enseño que las festividades de la iglesia y, a menudo, la música de la iglesia están llenas de brujería. Explico las ataduras que provienen del bautismo de infantes, la adoración a María, el símbolo I H S y la masonería. Explico la necesidad de echa fuera la mezcla de ascendencia con los pueblos indígenas, como con cualquier raza que practicó la brujería, debido a los sacrificios que se están haciendo a el dios, Moloc. Algunos se han casado con o se han convertido en musulmanes. La liberación de maldiciones y traumas se aborda en esos capítulos específicos. Los Apéndices contienen valiosas listas de liberación para refinar su liberación.

Dificultad para Comunicar mis Preocupaciones

Ha sido difícil para mí transmitir estas ideas. Llamé a un ministro de liberación en 2013, preguntándole si su conferencia de liberación sería en línea. También le dije que algunas personas en la iglesia no están seguras de ir al cielo. ¡Me culpó! ¡Me sorprendió!

Un líder de liberación en 2013 estuvo de acuerdo en que el bautismo infantil necesitaba ser entregado, pero no lo implementó. Dos ministros de liberación y dos líderes mesiánicos rechazaron la necesidad de liberación del bautismo infantil. Al menos uno de ellos fue bautizado de bebé. Este ministro de liberación resucitó a un hombre de entre los muertos.

"*Y Jesús decía: Padre, perdónalos, porque no saben lo que hacen.*"

(Lucas 23:34a)

Saber que Tienes Vida Eterna Cuestionario

Puede imprimir esto para que su iglesia o grupo lo responda. Es mejor preguntar oralmente e individualmente.

Te llamas. _____

Su Teléfono. _____

Su Dirección. _____

La fecha. _____

Quiero que estés seguro de que irás al cielo cuando mueras.

¿Qué hizo el Salvador hace 2000 años para que ustedes puedan ir al cielo?

_____
_____

Crees que hay un cielo y un infierno? Sí o no.

¿A dónde crees que irán tu alma y tu espíritu cuando mueras?

_____
_____

Si dices 'al cielo', ¿por qué irás al cielo?

_____
_____

(No hago las siguientes preguntas mientras testigo, pero puede ser apropiado para una iglesia o grupo de estudio).

¿Lees tu Biblia? ¿Sí o no?

¿Cuando? _____
¿Recibiste el Espíritu Santo y hablaste en otras lenguas? (Hech. 2:4; 19:6). ¿Sí o no?
¿A menudo rezas o cantas en lenguas? ¿Sí o no? (1 Cor.14:15).
¿Testificas acerca del Salvador? ¿Sí o no?
¿Cuando? _____
Quiero que tengas la respuesta correcta para ir al cielo cuando mueras y que sepas que tienes vida eterna.

Si no estás seguro de ir al cielo, arrepiéntete de tus pecados y di "sí" al Salvador y a su sangre para lavar tus pecados, y luego busca a alguien que te ayude con las liberaciones.

Puede haber algunos pecados que son difíciles de detener. Es posible que necesite la liberación de las maldiciones que han entrado desde el bautismo infantil, Cub, Boy o Girl Scouts, Semana Santa o la masonería. Es posible que haya tenido un trauma, sus propios pecados o haya estado en órdenes secretas. Cualquiera de estos podría ser heredado o de la familia de su cónyuge. Muchas personas van a buenas iglesias, pero no están seguras de ir al cielo cuando mueran. (Marc.16:15-20, 1 Juan 5:13).

6

Las Fiestas y Sábados Bíblicos Son Para Hoy

¿Por qué estas fiestas y sábados bíblicos están en un libro sobre la salvación?

¿No dijo el apóstol Pablo, *"Pero si sois guiados por el Espíritu, no estáis bajo la ley?"* (Gal. 5:18).

Necesito mostrarte los días festivos bíblicos antes de mostrarte, en el próximo capítulo, que sorprendentemente, los días festivos que observa la iglesia tienen sus raíces en la brujería! La mayoría de los ministerios de liberación ni siquiera saben esto.

El apóstol Pablo estaba hablando de los creyentes judíos que querían que los nuevos creyentes gentiles, varones adultos, fueran circuncidados.

"He aquí, yo Pablo os digo que si os circuncidáis, de nada os aprovechará Cristo. … Y yo, hermanos, si aún predico la circuncisión, ¿por qué padezco persecución todavía? En tal caso se ha quitado el tropiezo de la cruz. ¡Ojalá se mutilasen los que os perturban!"

(Gál. 5:2,11-12).

Yeshúa dijo, *"Si me amáis, guardad mis mandamientos."* (Juan 14:15).
Yeshúa vino a cumplir la ley, no a abolirla. (Mat. 5:17). Él ha cumplido todas las fiestas bíblicas excepto la Fiesta de las Trompetas.

El Sábado, Levítico 23:1-3

"Y bendijo Dios al día séptimo, y lo santificó, porque en él reposó de toda la obra que había hecho en la creación."
(Gén. 2:1-3; Éx. 20:8-11)

"Seis días se trabajará, mas el séptimo día será de reposo,[a] santa convocación; ningún trabajo haréis; día de reposo[b] es de Jehová en dondequiera que habitéis."
(Lev. 23:3, vea Is. 66:23)

Las fiestas bíblicas tienen siete sábados adicionales. (Éx. 20:8; Lev. 23; Juan 14:15).

Muchos creen que Yeshúa se levantó de la tumba el domingo de Pascua, comenzando la adoración dominical. Sin embargo, dijo Bacchiocchi, "la iglesia de Roma ha sido la principal responsable de la institución de la observancia dominical."[31]

El apóstol Pablo predicó en el sábado. (Hech. 13:14, 42, 44, 17:2, 18:4). Él y Silas fueron a una reunión de oración sabática de mujeres. (Hech. 16:13-15)

Días de Preparación para un Día de Reposo

En el estilo de vida de una familia que guarda el sábado, los días de preparación antes del sábado se utilizan para preparar la comida por lo que no se cocina en el sábado. La limpieza y la lavandería también se han hecho. (Luc. 23:54; Juan 19:14).

El Clausura del Sábado con Reuniones

Yeshúa se opuso a las severas leyes de los líderes religiosos. Él sanó a algunas personas en el día de reposo. Pero por lo general, la mayoría fueron traídos para liberación y sanidad al final del sábado. (Mat. 8:16-17; Marc. 1:32-34).

La historia en Hechos 20:7-12 ha sido usada para validar erróneamente la adoración dominical. No era domingo por la mañana; era la tarde del primer día de la semana al cierre del sábado cuando los discípulos se reunieron para partir el pan, y se habían encendido muchas lámparas. Eutico se durmió y cayó de la ventana del tercer piso. Pablo lo restauró a la vida, luego predicó hasta la mañana y se fue.

Algunos judíos tienen fiestas al final del sábado, llamadas Havurahs, Le Havdil o Havdalah's.

"Por tanto, nadie os juzgue en comida o en bebida, o en cuanto a días de fiesta, luna nueva o días de reposo, todo lo cual es sombra de lo que ha de venir; pero el cuerpo es de Cristo."
(Col. 2:16-17).

Las Fiestas Bíblicas de Primavera

La Pascua de la Biblia (Lev. 23:4-8)

En La Primera Pascua en Egipto la sangre del cordero de la Pascua en el poste de la puerta hizo que el ángel de la muerte pasara sobre las casas del pueblo judío, por lo que sus primogénitos no fueron asesinados. (Éx. 12:1-20).

El Señor le dijo a Moisés que la Pascua caería en el primer mes del año, no en enero o en la Fiesta de las Trompetas en el otoño, como declara el judaísmo rabínico.

La Fiesta de los Panes sin Levadura. (Lev. 23:6; Éx. 12:17, 39)

La levadura habla del pecado. (1 Cor. 5:7-8). Yeshúa se convirtió en el sacrificio sin pecado por el pecado, el cordero de la Pascua. (Éx. 12:13, 23, 29; Is. 53:7; 1 Ped. 1:16-19).

En esta fiesta, cante mesiánicas o otro canciones sobre la sangre de Jesucristo, Yeshua.

En la Fiesta de las Primicias Yeshúa se Levantó de la Tumba. (1 Cor. 15:20)

La Fiesta de las Primicias es la única fiesta sin convocatorias santas o reuniones para adorar (Lev. 23: 9-14), pero la iglesia observa el Domingo de Pascua.

Yeshúa tuvo que estar en la tumba durante tres días y tres noches. No pudo haber sido crucificado el Viernes Santo y resucitado el Domingo de Pascua.

"Porque como estuvo Jonás en el vientre del gran pez tres días y tres noches, así estará el Hijo del Hombre en el corazón de la tierra tres días y tres noches."
(Mat. 12:40).

Fue puesto en la tumba el día 14 de Nissan, el primer mes del calendario hebreo. Nissan 15 es el primero de los dos días de reposo adicionales durante la Pascua. (Lev. 23:5). Fue crucificado un miércoles y resucitó justo cuando terminó el séptimo día sábado. En la Biblia y el calendario hebreo, los días comienzan y terminan al atardecer. (Gén. 1:5).

El apóstol Juan valida esto. Después de su resurrección, estaba oscuro, justo después de la puesta del sol, al final del sábado, el primer día de la semana, cuando Yeshúa se apareció a María (Miryam) y luego los discípulos. Entonces, María no lo reconoció. (Juan 20:1, 19)

Hansen cita a Holmgren[32] afirmando que una diferencia entre el comienzo de un día para el pueblo judío en comparación con los griegos llevó a una mala traducción de Mateo 28:1 y Marcos 16:2 en la King James Version of the Bible. Hansen cree que "Yeshúa resucitó justo cuando el sábado (séptimo día) terminó y comenzó el Festival de las Primicias". Dijo que la muerte, sepultura y resurrección del Mesías en el 3er día son parte del evangelio que nos salva. (1 Cor. 15:1-4).[33] (Mat. 12:40).

Sangre en el Propiciatorio

En la fiesta de otoño del Día de la Expiación, Yom Kipur, el Sumo Sacerdote, entró en el Lugar Santísimo con la sangre de un buey y luego la sangre de un macho cabrío, que roció sobre el Arca de la Alianza. (Lev. 16:2-34; Heb 9:7). Yeshúa se convirtió en nuestro sumo sacerdote y ofreció su cuerpo y sangre por nuestro pecado. (Heb. 10:10. Vea vs. 1 - 22). Los pecados de la gente también fueron colocados sobre la cabeza de un chivo expiatorio y fue enviado al desierto. (Lev. 16:10). Nuestros pecados fueron puestos sobre Yeshúa. (Is. 53:3-12).

Ron Wyatt, un anestesiólogo y arqueólogo encontró el Arca de la Alianza original en una cueva debajo del Monte Calvario, donde Jeremías la había escondido antes de la destrucción del templo 600 años antes. 2 Maccabees 2:4-8 se refiere a Jeremías escondiendo el arca, pero da la ubicación equivocada. Wyatt dijo que el terremoto de Mateo 27: 50-52 abrió una grieta debajo de la cruz que permitió que la sangre de Yeshúa, desde su costado traspasado (Juan 19:34), descendiera 20 pies sobre el Arca del Pacto. Los ángeles que custodiaban el arca le dijeron a Wyatt que analizara la sangre en un laboratorio. Los técnicos de laboratorio dijeron que su sangre está viva.³⁴ Todavía puede lavar nuestros pecados. (1 Pedro 1:18-19).

Creo que el arca en Etiopía es un arca duplicada que Salomón hizo para la reina de Saba.

La Fiesta de las Semanas, Pentecostés Levítico 23:15-22

Siete semanas más un día conducen a Shavuot, Pentecostés.

Yeshúa subió al cielo 40 días después de resucitar de entre los muertos. (Hech. 1:3). Sus seguidores esperaron en el aposento alto hasta que Dios el Padre envió al Espíritu Santo diez días después. (Luc. 24:49; Hech. 1:4-5, 14-15). El evangelio salió al mundo (Hech. 8:4) después de que el Espíritu Santo descendió (Hechos 2:1-21) profetizado en Joel 2:28-32.

El apóstol Pablo celebró las fiestas de los panes sin levadura y Pentecostés. (Hech. 20:6, 16; 1 Cor. 16:8).

Las Fiestas Biblicas de Otoño

La Fiesta de las Trompetas Levítico 23:23-25,1 Tesalonicenses 4:16-17

Creo que las almas y los espíritus de los creyentes arrepentidos al morir van al cielo, pero sus huesos se levantarán cuando escuchen la voz de Yeshúa y suene la trompeta. Esto probablemente será en la Fiesta de las Trompetas antes de que comience la gran tribulación. Por lo tanto, la cremación está mal. (2 Cor. 5:8; Juan 5:28-29; 1 Tes. 4:16-19). Algunos creen erróneamente que su alma duerme, esperando el Juicio. Para esta fiesta cante: "Cuando el rollo se llama allí."

El Día de la Expiación Levítico 23:26-32
(Vea Wyatt, arriba).

La Fiesta de los Tabernáculos, Sucot Levítico 23:33-43

Muchas profecías sobre el fin de los tiempos sólo se cumplen parcialmente o aún no se han cumplido. Las congregaciones mesiánicas celebran la primera venida de Yeshúa en la Fiesta de los Tabernáculos. Su segunda venida se cumplirá en la Fiesta de los Tabernáculos cuando venga al tabernáculo entre nosotros. (Juan 1:14; Apoc. 21:3). Luego, establecerá su gobierno en Yerushalayim. (Abdías 15; Apoc. 19:11 - 20:6 RV, CJB).

Aquellas naciones que no vienen a Jerusalén para celebrar la Fiesta de los Tabernáculos cuando Yeshúa está reinando en el Millenium no tendrá lluvia. (Zac. 14:16-19). (Vea Juan 7:2, 37-39).

Purim se celebra antes de la Pascua. La reina Ester declaró un ayuno para poder pedirle al rey que se salvara a ella y a su pueblo judío de ser asesinados. Entonces al pueblo judío se le permitió reunirse y luchar contra aquellos que querían destruirlos. (Ester 4:15-16, 8:11). La nación de Israel se ve obligada a luchar físicamente contra sus enemigos. Pero algunos creyentes como yo estamos comprometidos en la guerra espiritual contra Satanás y su ejército.

Esta es una guía para la guerra espiritual. Debemos luchar espiritualmente porque Satanás quiere destruirnos y llevarnos al infierno. Débora era jueza y guerrera. El ángel del Señor pronunció una maldición sobre Meroz, quien no se unió a Débora en la batalla. (Juec. 5:23). Sin embargo, no debemos maldecir a nadie hoy. (La Guerra Espiritual, Vea capítulo, Enseñanza Sobre la Liberación Real).

Preocupaciones Sobre el Judaísmo Mesiánico Tomando Prestado del Judaísmo Rabínico

Me preocupan las mezclas tanto en el domingo como en el reuniones sabáticas. No estoy abogando por que uno se convierta a Judaísmo rabínico o exhibir o usar una estrella de seis puntas. (Vea la estrella de seis puntas, capítulo Símbolos y Emblemas que Traen Maldiciones).

Algunas otras preocupaciones que tengo con la adoración mesiánica son:

Oraciones al "Rey del Universo". La palabra, Universo, no está en la Biblia.

La iglesia llama Shavuot, Pentecostés. Cuando algunas congregaciones celebran Shavuot, ignoran que el Santo Espíritu vino en Shavuot y solo continúa celebrando los Diez Mandamientos y otras leyes. (Éx. 19, 20 y más).

Algunas congregaciones usan la oración larga de Al Chet de Judaísmo rabínico para confesar los pecados en Yom Kippur. creo que ellos debe usar los Diez Mandamientos y versículos del Nuevo Testamento. Una pareja dejó el judaísmo mesiánico debido a una doctrina falsa en un servicio de Yom Kippur.

En una clase sabática de congregación mesiánica, estudiamos la Cabalá. Park, Stevens y Kitchen identifican que la Cábala, el misticismo judío, también se usa en la masonería. Algunas congregaciones toman prestado del judaísmo rabínico, "Kabbalat Shabat", recibiendo el sábado.

Idealmente, una congregación mesiánica seguiría a Yeshúa y no usaría la estrella de seis puntas, la Cábala y las leyes rabínicas no bíblicas. Me encantan las canciones hebreas y la danza israelí. Victoria, del libro 6 Big Big Angels (6 Grandes Ángeles Grandes) dijo que aprendió las mismas canciones hebreas cantadas en congregaciones mesiánicas cuando estaba en el cielo. (Vea Referencias).

El Mikvah

El pueblo judío observaba las leyes bíblicas de salud, tomando un baño de inmersión antes de entrar al templo, para no morir ni profanar el tabernáculo. (Lev. 15:31). La Torá instruye a un hombre y una mujer a bañarse después de la intimidad y ser impuros hasta la noche. (Lev. 15:18). Sin embargo, se ha convertido en una costumbre para una mujer judía tomar un baño ritual, un Mikvah, siete días después de que cesa su menstruación. (Lev. 15:19).

Leyes Para los Alimentos

Las leyes kosher basadas en Éxodo 23:19 son tan estrictas que algunos judíos se han vuelto vegetarianos. La Biblia nos dice que no comamos alimentos inmundos como carne de cerdo y mariscos. (Lev. 11. Vea también Is. 66:17). No puedo ser santificado por la palabra de Dios y por la oración. (1 Tim. 4:5). Debemos quitar la grasa y la sangre de la carne antes de cocinarla y comerla. Mi esposo aprendió a asar tiras delgadas de carne de res o carne molida y empanadas de pavo hasta que estuvieran bien hechas. Él no voltea la carne. La grasa y la sangre gotean en la asadera.

(Lev. 7:23, 25-27; Hech. 15:20). El cordero de la Pascua fue asado. (Éx. 12:8-9). Una mujer mesiánica de Noruega me enseñó a remojar un pollo entero en agua salada un día antes de asarlo.

En el libro, Cooking Kosher, The Natural Way, (Cocina Kosher, de forma natural) Kinderlehrer culpa al chocolate por varias razones. La teobromina y la cafeína crean una necesidad adictiva e hiperactividad en los niños. Ella recomienda la algarroba como una alternativa saludable.

Un dios azteca llamado Quetzalcóatl es el dios del chocolate. Esta es otra buena razón para evitarlo.

El café, el té y algunas gaseosas también contienen cafeína y se vuelven adictivos, creando incómodos efectos secundarios de abstinencia.

7

No Tener Otros Dioses

Para discernir si debía ir a la liberación en una iglesia con servicios dominicales y sabáticos, caminé alrededor del edificio siete veces haciendo guerra espiritual. Entonces, Yeshúa me reveló que la iglesia dominical es una orden secreta.

Todos los secretos se darán a conocer. (Luc. 8:17). Debemos exponer las "obras infructuosas de las tinieblas". (Efes. 5:11b).

Hemos adorado en ignorancia. Los sacerdotes, la congregación y los gobernantes ofrecieron sacrificios por los pecados que habían cometido en la ignorancia. (Lev. 4; Heb. 9:7).

"Volveos a mí, y yo me volveré a vosotros, ha dicho Jehová de los ejércitos."
(Mal. 3:7b).

Utilice el texto de este capítulo como una guía para liberarse a sí mismo y a los demás. A CLF aprendí a subrayar y marcar mis liberaciones.

¿Qué es Una Orden Secreta?

Park dijo: "las personas aprendidas en signos y contraseñas secretas, apretones de manos, votos y rituales, están bajo la esclavitud de Lucifer". "El diablo sabe que al hacer que jures guardar secreto a las obras de las tinieblas, te tiene bajo su dominio."[35]

Lucifer tiene señales secretas. Las señales de Dios no son secretas. Sus palabras. (Deut. 6:4-8). El séptimo día sábado. (Ezeq. 20:12, 20).

La liberación, el hablar en lenguas, la protección y la sanidad son señales de un creyente. (Marc. 16:17-20, Hech. 2:22).

Crecí en una orden secreta, la iglesia luterana. Teníamos votos (catecismo y matrimonio) y rituales (liturgia y sacramentos). Estrechamos la mano del pastor, mi padre, cuando salimos de la iglesia. También teníamos doctrinas, símbolos y días festivos no bíblicos. No sabíamos acerca del séptimo día sábado.

Anna echó fuera de mí las ataduras luterana, freemasona y otras en 1999, pero estas liberaciones no se conservaron en los archivos de CLF. En este capítulo y en este libro, he reunido información de varias fuentes que pueden ayudarte, ya que descubres que tú u otras personas necesitan liberaciones similares a las mías. (Ver Mi liberación de la confirmación, el bautismo infantil y las ataduras masónicas, capítulo, Mi Historia).

Park compara los cultos malvados con las órdenes relacionadas con los masónicos. Ella dijo: "Los aquelarres de brujas y los cultos satánicos no son muy diferentes de la mayoría de las órdenes y hermandades místicas, hermandades secretas, fraternidades, hermandades, todas las cuales se basan en pactos secretos. Sin embargo, los satanistas no tienen moralidad, autodisciplina o metas benevolentes.[36]

Echa fuera los pecados de las órdenes secretas mencionadas anteriormente.

Muchos han creído que observar las fiestas bíblicas es legalismo. Pero te mostraré que la Pascua, la Navidad y otras fiestas se originan en la brujería.

La muerte de Yeshúa nos salva, su cuerpo roto, su sangre derramada y su resurrección, no su nacimiento.

"Así, pues, todas las veces que comiereis este pan, y bebiereis esta copa, la muerte del Señor anunciáis hasta que él venga."

(1 Cor. 11:26).

No hay celebración del nacimiento de Yeshúa en la Biblia después de que los ángeles, los pastores y los sabios regresen al cielo, a los campos o a sus hogares. Los árboles de Navidad están prohibidos en Jeremías 10:1-5.

"¿Perseveraremos en el pecado para que la gracia abunde?" *(Rom. 6:1b).*

Día de San Valentín y Fornicación

Los Millers, ministros de liberación, dijeron que el Día de San Valentín se trata de fornicación. "El cumplimiento de las fechas y observancias de estas prácticas paganas abre la puerta del alma (de uno) al diablo y la idolatría".[37]

Carla Butaud, que enseña a el Campamento Bíblico Lake Hamilton, dijo que el sexo (pecado) es la forma más elevada de brujería.[38]

Los archivos de CLF indican que la fornicación trae una maldición maestra, la maldición bastarda, llamada Krodeus. Esta persona no pudo entrar en la congregación del Señor durante diez generaciones. (Deut. 23:2). Con el control de la natalidad o el aborto, puede que no haya un bebé, pero el espíritu bastardo aún afectará a toda la familia. (Vea Liberación del Aborto, Control de la Natalidad. Apéndice D).

Krodeus también viene con la maldición de Luciferina a el bautismo infantil y la masonería, con todos los abusos sexuales y pecados sexuales, practicando brujería y celebrando Halloween. Él trabaja para matar, robar y destruir el cuerpo, el alma y el espíritu. Trae victimización y una licencia para pecar.[39] [40] Echa fuera todo.

El Dios Sol y Sus Fiestas

Hislop dijo que el dios Sol representa a los dioses; Osiris, Baal, Baalim y Moloc.[41] Él enumera la Navidad y Domingo de Pascua entre cinco de las innumerables fiestas de Roma, que pueden vincularse a Babilonia.[42]

La adoración de Ashteroth comienza a la temporada de El Carnaval (el Mardi Gras mexicano) y lacompleta en Semana Santa.

¡Estatuas de enormes sirenas con los pechosdesnudos estaban en las carrozas de El Carnaval! (Vea Sirena, La Lista de Liberación para Espíritus Familiares, Apéndice G).

Unger indica que Asherah, Asherat, la "Señora del Mar" con los pechos desnudos, una consorte de Baal, se entregó a la guerra y al sexo.[43]

Mis suegros se retiraron en un pueblo maldito en México donde las tribus indígenas dirigen las ceremonias de Semana Santa celebradas en las playas, y se sacrifica a los niños.

Gorney dijo que el sonido de los tambores comienza tres semanas antes de la Semana Santa en Copper Canyon, Chihuahua, México, con una mezcla de tradiciones tarahumaras y católicas.[44]

Viernes Santo y Nochebuena

El calendario ritual de Justus enumera el Viernes Santo, la víspera de Pascua, los solsticios de invierno y verano, los equinoccios de primavera y otoño, el cumpleaños de uno, cualquier luna llena y nueve días más: 2 de febrero, 1 de marzo, 30 de abril, 1 de mayo, 1 de agosto, 24 de agosto, 7 de septiembre, 14 de septiembre y 31 de octubre. Justus indica que las fechas más importantes son el 30 de abril y el 31 de octubre. Los grupos de apoyo de Justus se formaron para llevar la curación a aquellos que sobrevivieron a intensos días rituales satánicos, "días de tortura increíble."[45] Este autor añade los muchos días de celebraciones de Martí Gras. También hay otros días.

Hay tres sábados de brujas lunares: la luna llena (la madre Isis), la oscuridad de la luna (la crone con un gato) y la luna nueva la virgin Lilith).

Elaine la bruja que fue liberada por la doctora Rebecca Brown, dijo que los hombres son crucificado en el "Sábado Negro" antes de Pascua![46]

El 6 De Enero Día de los Reyes Magos, 2 de Febrero y 31 de Octubre

El 6 de enero, Día de Los Reyes Magos, existe la costumbre de servir un gran anillo de pan con una pequeña estatuilla de un bebé escondida dentro. Quien consiga la pieza con el bebé debe invitar a la gente a una fiesta el 2 de febrero.

El 2 de febrero, El Día de la Candelaria, es el día en que los bebés son concebidos deliberadamente con la intención de sacrificarlos en Halloween.

El 21 al 25 de Diciembre

Park describió haber estado involucrada en delitos graves antes de que se convirtiera de la brujería.[47]

Ella enumera los ocho días Wicca de Misas Mayores, incluyendo del 21 al 25 de diciembre. Park dice: "muchas personas son iniciadas en la adoración de Satanás en estos días."

Carrico dijo que los bebés se conciben el 25 de marzo y se sacrifican el 25 de diciembre. (Vea Apéndice F).

Guerra Espiritual Contra los Poderes de las Tinieblas

Park nos dijo a fines de la década de 1980, estos días anteriores a los días altos, los "calores" no son cada vez más largos, sino "más cálidos." Ella dijo que Satanás trabaja muy duro en las fiestas satánicas para matar, robar y destruir la vida y la fe de los creyentes. "De siete a diez días antes de cada uno de los días altos paganos, aumenta tu guerra espiritual contra los poderes de las tinieblas". Pero comience 13 días antes de Halloween. Este autor aconseja continuar hasta el 4 de noviembre debido a las ceremonias en México.[48]

Traté, en vano, de hacer que la gente de una iglesia hiciera una guerra espiritual antes de Halloween de 2020. Hice la guerra, usando listas de los archivos CLF, pero resistí el impulso de Yeshúa de volver a la guerra espiritual en la víspera de Halloween.

Esa misma noche, recibí un correo electrónico del pastor informando que una niña de tres años, hija de misioneros en Guatemala, se había ahogado misteriosamente en unresort. Fue una tragedia.

Abuso Ritual Satánico

Yeshúa aborrece el sacrificio de los niños, ya sea por privaciones de amor, abandono, divorcio, abuso sexual, aborto, métodos de control de la natalidad, o realmente matándolos. El sacrificio de los niños pueden traer huracanes, inundaciones extrañas y daños por agua.

Yeshua dijo: "Y cualquiera que haga tropezar a alguno de estos pequeños que creen en mí, mejor le fuera que se le colgase al cuello una piedra de molino de asno, y que se le hundiese en lo profundo del mar." (Mat. 18:6).

Debido a que el rey Manasés sacrificó a su hijo a Moloc, Dios envió a Judá al cautiverio a Babilonia durante setenta años. (2 Rey. 21:1,6; 2 Crón. 33:11-15).

Tom Horn creó la película "Silent Cry."[49] "Aquellos que compran niños para la esclavitud sexual necesitan que usted crea que todo son teorías de conspiración sin fundamento". "Los horrores del sexo infantil el tráfico y el abuso ritual satánico continúan porque muchos de los no creeremos que suceda."[50]

El Dr. Brown dijo que, en el abuso satánico, el niño está expuesto al abuso sexual, el dolor físico y la muerte. A menudo el niño se ve obligado a matar. El miedo se implanta mediante amenazas de muerte al niño o a sus seres queridos si se lo dicen.[51]

Ella anima a los padres a orar y dar a luz al niño. Ella advirtió acerca de ir a las autoridades porque creía que, en 1987, todas las agencias estaban infiltradas por satanistas, y los padres podrían perder a su hijo.[52]

Dave Bryan escribió The Serpent and the Savior, contando una historia sobre cómo liberar a Deborah Joy, la hija de Anton Levay, de los planes de su padre para sacrificarla en Halloween. Este ministerio entrega personalidades alternativas, considerándolas como espíritus demoníacos. (Bryan, vea Las Instrucciones Concernientes a las Liberaciones en Este Libro. Vea también Jess Parker, Referencias)

La escalada del Monumento a la Torre del Diablo en Wyoming, EE.UU., se desaconseja en junio debido a las "ceremonias". Un amigo dijo que los bebés son arrojados del monumento en estas ceremonias.[53]

Echa fuera a Nimrod, un espíritu sobre árboles de Navidad, pirámides y torres. (Gén. 10:8-10, 11:1-9).[54]

Echa fuera las maldiciones que vinieron con la adoración de Osiris, Baal, Astaroth y Moloc, porque están vinculadas al sacrificio de bebés y niños. (1 Rey. 11:1-13; Jer. 32:35).

Echa fuera a Moloc, ángel de la muerte. Algunas de las formas en que ingresa son con los sacrificios de niños, el bautismo de infantes, la adoración de Buda y el abandono por parte del padre.[55] (Vea Liberación del Aborto, Control de la Natalidad, Apéndice D).

¿Qué Dice la Biblia Acerca del Bautismo?

El bautismo bíblico no es un sustituto de confiar en la sangre de Yeshúa para lavar nuestros pecados. (1 Ped. 1:16-19; Heb. 9:22). En ninguna parte de la Biblia se usa el bautismo de inmersión para la liberación.

El bautismo debe ser precedido por el arrepentimiento y la creencia en Yeshúa. (Mat. 3:1-8; Marc. 16:16).

Es el bautismo de inmersión. Muchos, incluido Yeshua, fueron bautizados por inmersión, por Juan, en el río Jordán. (Mat. 3:5-17). Está mal bautizar a los bebés por aspersión o inmersión. No pueden arrepentirse ni creer.

Yeshúa instruyó a bautizar en el nombre del Padre, del Hijo y del Espíritu Santo. (Mat. 28:19).

"Respondió Jesús: De cierto, de cierto te digo, que el que no naciere de agua y del Espíritu, no puede entrar en el reino de Dios."
(Juan 3:5b).

"A menos que uno nazca de agua" (v. 5b) habla del bebé nadando en el saco de líquido amniótico en el vientre de la madre antes del nacimiento. El "agua" no se refiere al bautismo infantil. Utilizo

"Developing Unborn Baby at 8 Weeks" de Hayes para ilustrar esto.[56]

Las Diosas Entran con el Bautismo Infantil

Tom Horn documenta que todo los sacramentos de la iglesia (no sólo el bautismo infantil) son brujería.[57] Me convertí en un sacrificio espiritual para Moloc cuando me bauticé cuando era un bebé. La cruz dibujada en mi frente y pecho trajo la maldición de Moloc y Tamuz. (Ver abajo). Las cruces son acerca de ser maldecido. (Gál. 3:13). Yeshúa tomó nuestra maldición. Los pastores y sacerdotes no deben dibujar cruces en bebés o en las frentes de adultos con aceite de unción. Le dije a una mujer que había dejado la Iglesia Católica que dejara de persignarse.

En 2008, aprendí que la "maldición de Luciferina" entra en una persona con juramentos, en órdenes secretas como el bautismo infantil y los masones, trayendo una maldición sobre la persona y sus descendientes. [58] (Éx. 20:1-6). Luciferina también vive en las iglesias donde se bautizan los bebés. Esta maldición no se va con una oración por salvación o con el bautismo de inmersión. Debe ser renunciada y echa fuera.

El patrón creado por la pastora Eloyse para la liberación de la maldición de Luciferina indica que el espíritu de María entra con el bautismo infantil. La "a" en el final de Luciferina hace que el nombre sea una forma femenina, una diosa. La esposa de Nimrod en la trinidad de Lucifer es Semíramis. Ella comenzó la crucifixión en cruces en memoria de su hijo, Tamuz.[59] Echa fuera a las diosas bajo Luciferina y María, Isis bajo Osiris y Semíramis bajo Nimrod. Woodrow añade a Diana (bajo Zeus) y Astarté (Astaroth bajo Baal).[60]

(Vea Estrella de seis puntas, capítulo, Símbolos y Emblemas que Traen Maldiciones). (Vea Nombres de Demonios en el Nuevo Testamento, capítulo Enseñanza Sobre la Liberación Real).

Los archivos CLF indican que la maldición de Luciferina trae un Segundo espíritu maldito, Krodeus. (Ver Día de San Valentín y Fornicación).

Krodeus explica el abuso sexual reportado de niños en iglesias y tropas de Boy, Girl y Cub Scouts. Renuncie, perdone y expulse todos los espíritus sobre el abuso sexual infantil, adolescente o adulto, y la adicción sexual o la pedofilia en todas las generaciones de tus familia. No confronte a los perpetradores sin ayuda profesional o legal. (Vea Krodeus, la Maldición Bastarda, y Lutero, capítulo Liberación de Maldiciones).

Al igual que mi madre y yo, es posible que las niñas y las mujeres no escuchen advertencias sobre niños y hombres. Eche fuera los espíritus de Krodeus e Isis.

Hay una falsa doctrina común, incluso impresa, de que Dios permite el abuso sexual de los niños.

¡Estos autores están adorando al Dios equivocado! Mateo 18:6 prueba que esta doctrina es una mentira. Los padres que no son liberados de su propio abuso sexual, las iglesias y organizaciones que encubren los informes de las violaciones, y los jueces que no condenan a los pedófilos a prisión, permiten este abuso sexual. (Vea Amenazas de ex-comunicación, capítulo, Liberación de Traumas. Vea Apéndice J).

Dos principados, Put Satanachia y Nebiros, también entran con el bautismo infantil. (Vea Odio a Mujeres y Niños en el capítulo, Liberación de Traumas. Vea la lista 80, Apéndice E).

El Bautismo Infantil Trae a Zombie, y Zeus Maldice

Dos espíritus malditos heredados vienen con el bautismo infantil y las iniciaciones de brujería a través del apellido; Zombie es el espíritu de fracaso pasivo, y Zeus es el espíritu dominante.[61]

Un patrón de Liberación de Zombis/Zeus y Miedo, Abreviado

Eche fuera estos.

Miedos abrumadores: Miedo a enfrentarse a uno mismo. Miedo a simplemente ser.

Temores abrumadores heredados: Incapacidad para dar y recibir amor, incapacidad para recibir las bendiciones de Yahveh (Dios).

Una voluntad reprimida y paralizada. Actuando, haciendo mecánicamente lo que te dicen que hagas.

Estos espíritus bloquean las emociones y traen falsa paz, horror y falsa sumisión (a las autoridades).

Los zombis entran a través de la muerte de algún tipo y suprimen la voluntad (incluso la voluntad de vivir).[62] (Vea Apéndice K).

El miedo también entra con Pitón: Satanás y Lucifer. (Ver la estrella de seis puntas, capítulo, Símbolos)

Los miedos pueden ser expulsado también comenzando por aquellos que son heredados. (Vea capítulo, Liberación de Traumas).

Landry dice que un niño se las arregla volviéndose pasivo en una situación desgarradora, fingiendo aceptar el (abuso) para sobrevivir. El niño asume que ha causado o es culpable del (abuso) por parte de una figura de autoridad. Como adulto en consejería de liberación, esta persona fingirá estar de acuerdo con el trabajador de liberación, pero Landry dice que esta pasividad no permite que nada suceda en la sesión de liberación.[63]

Muerte Espiritual

Anna identificó a los zombis, sargatanos y osiris sobre la muerte espiritual.[64] Estos pueden ser heredados para que un niño nazca espiritualmente muerto. No solo existe la necesidad de nacer de nuevo, descrita en Juan 3: 7, sino la necesidad de ser liberado de estas maldiciones sobre la muerte espiritual que hace que una persona se resista a recibir la vida eterna. Oré por un hombre mayor con dolor en el pecho que había sido extremadamente resistente a la salvación. Yeshua me mostró que tenía un espíritu zombi de muerte que entró cuando fue bautizado cuando era un bebé. (Vea Espíritus de la Muerte, Apéndice K).

En 1959, el tío de mi madre, J. O. Gisselquist, un evangelista luterano, estuvo de acuerdo con el reverendo Hallesby, diciendo que si una persona fue bautizada cuando era bebé, es más difícil para él convertirse cuando se ve a sí mismo como un pecador que si hubiera salido y vivido una vida de pecado.[65] Escuchamos a Gisselquist hablar en el campamento bíblico familiar.

Herbert Mjorud, el último evangelista en este sínodo de la Iglesia Luterana, a quien mi familia también conocía, dijo que cuando regresaba a una iglesia luterana un año después de que había ocurrido un gran avivamiento, "parecía que nunca había pasado nada."[66] Una compañera de clase en el internado luterano dijo que se había salvado cuando Mjorud ministraba en una iglesia rural. Ella fue una de las pocas de nuestra escuela que dejó la iglesia luterana.

En 2014 y 2019, regresé a una celebración anual de dos días en el parque de un pequeño pueblo donde mi padre había sido pastor durante seis años. Yo encontré pocas personas que realmente eran salvas o incluso querían ser salvas. Por el contrario, descubrí que tres cuartas partes de las personas con las que hablé que asistieron a la reunión anual del internado luterano de julio de 2019 estaban seguras de la vida eterna.

En 2019, en la pequeña ciudad, una mujer que ya había dejado la iglesia luterana renunció a su bautismo infantil. Su hermano había ofendido a nuestra familia, e insistí en que él arrepintiera. Su esposa dijo sí al Salvador.

El Culto a María y Los Líderes Religiosos

Debemos adorar sólo al Padre, al Hijo y al Espíritu Santo; El apóstol Pablo cita a Moisés de Deuteronomio (D'Varim) 18:18-22.

"Porque Moisés dijo a los padres: El Señor vuestro Dios os levantará profeta de entre vuestros hermanos, como a mí; a él oiréis en todas las cosas que os hable; y toda alma que no oiga a aquel profeta, será desarraigada del pueblo."
(Hech. 3:22-23)

Este profeta es Yeshua. Conviértete en un testigo, un misionero donde estés, y ora para que la gente acepte a su Mesías judío.

No debemos adorar a los líderes religiosos. El apóstol Pablo condena este pecado.

"Honrando y dando culto a las criaturas antes que al Creador." (Rom. 1:25b. Vea Ex. 20:1-6).

Incluso si la persona a la que adorabas ha fallecido, echa su espíritu fuera por su nombre. Échalo fuera en el nombre de Yeshúa. (Use la Lista de Liberación para Espíritus Familiares, Apéndice G).

No debemos rezar a los muertos, lo cual es nigromancia. (Deut. 18:9-14). Aunque María está viva en el cielo, no puede escuchar nuestras oraciones. Una mujer en una lavandería dijo que María se le aparecería en una capilla en particular; era un demonio fingiendo ser María.

Woodrow dice que la Iglesia Católica enseña que María es más grande que Jesús.[67] María y José tuvieron hijos e hijas después del nacimiento de Yeshua. (Mat. 1:24-25; 12:46-47; 13:55; Marc. 6:2-3).

La hermana de Moisés se llamaba Meriam. La madre de Yeshúa era una mujer judía llamada Meriam, no María.

Chick retrata a María y a la masónica Isis, ambas con halos, de pie sobre globos, con serpientes bajo sus pies.[68]

El Símbolo Jesuita, I H S

Chick e Hislop dicen que el I H S representa la trinidad egipcia, Isis, Horus y Seb.[69] "La madre, el niño y el padre".[70] Este Isis no tiene ninguna conexión con ISIS, el grupo terrorista Estado Islámico.

El I H S simbolizaba la Orden Jesuita Católica, Compañía de Jesús, fundada en 1540.[71] Alberto Rivera, un ex sacerdote jesuita, confesó que hizo un juramento de "hacer y librar una guerra implacable, secreta o abiertamente, contra todos los herejes, protestantes y liberales, como se me ordena hacer."
[72] Si la hostia de comunión tiene el I H S en él, no lo comas. Si es simple y redondo, romperlo antes de comerlo. Hislop dijo que representa al dios sol.

Halley verificó las afirmaciones de Rivera y dijo que el objetivo del jesuita era recuperar el territorio perdido por los protestantes y mahometanos.[73]

Nuestra iglesia luterana tenía el I H S en el mantel del altar. Teníamos a María, Isis, la diosa masónica y egipcia, y un símbolo católico jesuita en nuestra iglesia, ¡y no lo sabíamos!

¿Por qué la iglesia está esclavizada a Egipto? Moisés les dijo a los israelitas; que si desobedecían, caerían bajo una maldición. Regresarían a Egipto como personas esclavizadas, pero nadie las compraría. (Deut. 28:68).

Este autor cree que la trinidad jesuita de los I H S entra en los sacerdotes y pastores en su ordenación y en la juventud en la confirmación. Pero algunas personas son entrenadas como jesuitas. Echa fuera el espíritu de los jesuitas que podría hacer que te opusieras al evangelio, o porque los jesuitas pueden haberte perseguido.

Un día esta profecía se cumplirá; *"Babilonia la grande está caído."*(Apoc.18:2).

(Vea Capítulo 1, El Nombre del Salvador, Yeshua. Vea Más Sobre los Jesuitas, Apéndice I).

La Adoración de los Dioses Masones

Echa fuera todos estos.

Campbell dijo que el Centro Federal de Washington DC, diseñado por un masón designado por George Washington, es como un ataúd.[74] Hay una estatua de Isis en el templo masónico en Washington DC. Nombra a otros dioses de la masonería; Osiris, Baal, Baco y el Gran Arquitecto del Universo (Lucifer). Expresó su preocupación de que el gobierno de nuestra nación pudiera haber sido ofrecido simbólicamente al reino de las tinieblas a través de rituales masónicos.[75]

Anna documenta que la diosa Isis está sobre secretos. Stevens dijo que la rosa roja sangre simboliza el secreto y el silencio de la masonería. [76]

Isis, sobre el secretos, puede hacer que el recuerdo del trauma sea bloqueado o reprimido, causando depresión. (Vea Sargatanas, lista 80, Apéndice E).

Las organizaciones relacionadas con los masones son hermandades, logias y organizaciones fraternales; como Scouting, la iglesia mormona, fraternidades, hermandades, la Orden Independiente de Forestales (una organización fraternal) y los Jaycees. Selwyn Stevens tiene una lista completa en su libro, *Unmasking Freemasonry* (Desenmascarando la asonería).

Kitchen dijo que en el decimoséptimo grado de la masonería, el demonio Abaddon (Apoc. 9:11) es adorado. El iniciado se corta el brazo, sangra en un cuenco y arroja su sangre sobre el altar. ¡Él hace su juramento sobre el Nuevo Testamento en el grado dieciocho y luego lo quema! Rompa la maldición de "ser devastado emocional y físicamente toda tu vida." Creo que Osiris es un espíritu sobre esto. Eche fuera la brujería de la Cábala y el Rosacrucianismo, el secreto, el silencio y los espíritus de la muerte. Expulsar el no poder leer el Nuevo Testamento.[77]

Stevens dice que las logias masónicas del Gran Oriente que se encuentran en los países católicos son más ocultistas y ateas.[78]

La Antigua Orden Árabe del Santuario Místico de la Francmasonería, de grado 33, adora a Alá como el "dios de sus padres."[79] Estos hombres se oponen al evangelio y a la nación de Israel.

La pastora Eloyse identificó las trinidades de Lucifer y Satanás. Stevens identificó trinidades; hindúes, egipcia y druid, en grados específicos de iniciaciones de la masonería.[80]

Los dioses egipcios de grado 24; Osiris, Isis y Horus.

Los dioses druidas de grado 26; Odín, Frea y Thor. Los dioses druidas han venido de Inglaterra,

Escandinavia y Alemania. Este culto es frecuente, y más visible en Halloween.

El grado 32, dioses hindúes: Brahma, creador; Vishnu, preservador; y Shiva, destructor. La pastora Eloyse sabía que Shiva era Put Satanachia. (Vea la lista 80, Apéndice E).

Los dioses hindúes son evidentes en la religión oriental, el espiritualismo de la Nueva Era, las medicinas alternativas, la acupuntura, la respuesta de relajación, las imágenes guiadas, la biorretroalimentación, los aceites esenciales, el yoga, el tai chi, las artes marciales, la cremación y más. ¡La respuesta de relajación fue parte de la clase de rehabilitación cardíaca de mi padre y un seminario de sanación para mujeres en un santuario de la iglesia! Los enfermos mentales, los discapacitados del desarrollo, los niños, los ancianos y las personas desesperadas por la curación, todos vulnerables, están participando en estas actividades.

Un ministro de la India, Sukhwant Bhatia, anteriormente de la religión sij, dijo que la Iglesia Católica que ven retratada en películas hechas en los Estados Unidos se asemeja al hinduismo.[81] [82]

Park agrega el dios del sol egipcio, Ra y Satanás-Lucifer, diciendo que estas iniciaciones masónicas son casi idénticas a las utilizadas por la brujería.[83]

Eche fuera las trinidades masonería que, como dice Juan 10:10, han venido "para hurtar y matar y destruir." Eche fuera a las espíritus de masonería sobre nuestro gobierno y nuestro dinero. (Vea el capítulo Símbolos y Emblemas que Traen Maldiciones.) Eche fuera el espíritu anticristo de Baco sobre el vino y otros alcoholes utilizados en estas organizaciones. (Vea Masonería, Referencias).

"¡Ay de los que se levantan de mañana para seguir la embriaguez; que se están hasta la noche, hasta que el vino los enciende!"

(Is. 5:11).

Maldiciones Sobre los Militares

Echen fuera las maldiciones que reciben los hombres en el ejército porque están sirviendo bajo los Estados Unidos, bajo la esclavitud de la masonería. Expulsa la maldición de Nimrod de ser gritado y maldecido verbalmente por tu sargento de instrucción mientras realiza el entrenamiento básico. Arrepentirse por cometer pecados graves, ver pornografía, fornicación, concebir hijos bastardos y usar drogas y alcohol.

López documenta que las personas en el ejército están teniendo trastorno de estrés postraumático por dos razones. Eche fuera la maldición que viene con el trauma de abuso sexual en su puesto asignado y haber sido traumatizado por estar en una zona de guerra.[84] El ejército proporciona recursos para ambos tipos de traumas.

A finales de 1989, la sede de Point Man Ministries informó que los sacerdotes budistas habían maldecido a las tropas estadounidenses durante la guerra de Vietnam.[85] Expulsar maldiciones vudú y brujería que se han colocado en todos los militares, no solo en aquellos en una zona de guerra. Expulsar la pobreza, la erración, la falta de paz y el divorcio; maldiciones que fueron colocadas sobre ustedes y sus familias.

Davis enumera muchas más maldiciones para echar fuera y lo bendice con "los pasos de Dios para recuperarse de la maldición del TEPT". Esta es una excelente oración para la liberación.[86] Sugiero repasarla con frecuencia. (También, vea la Lista de Liberación para Espíritus Familiares, Apéndice G).

Estas maldiciones son reales. Mi primer esposo y todos mis siete hermanos y cuñados que han estado en el ejército han tenido al menos un divorcio o separación.

Se advierte al esposo acerca de tratar traicioneramente contra " la mujer de tu pacto, ... Porque buscaba una descendencia para Dios." (Mal. 2:14b-15b).

Jacob siguió apoyando a Lea, la esposa menos amada. (Gen. 29:30, 30:20-21). Yeshua y el Apóstol Pablo defendido el matrimonio en Mateo 19:1-10 y 1 Corintios 7:10-11.

A principios de la década de 1990, aconsejé con Dr. Gary Tallman, quien había escrito su tesis doctoral sobre el Mateo 19:9. Dijo que los hombres en los tiempos bíblicos querían acostarse con la esposa de ellos vecino. Se divorciarían de el propia esposa, se casarían con la otra mujer, luego se divorciarían de ella, y volverían a ellos primera esposa. Siguieron la letra, pero no el espíritu de la ley.

Las iglesias legalistas abusan de este versículo para esclavizar a las mujeres que necesitan divorciarse de un esposo abusivo, o para condenar a aquellas que se vuelven a casar por más tiempo después del divorcio.

Adoración de los Dioses de los Pueblos Indígenas

Sánchez dijo que las comunidades de judíos sefardíes fueron separadas durante la Inquisición en el Nuevo Mundo, obligándolos a casarse con los pueblos indígenas, mezclándose genética y espiritualmente con los indígenas pueblos.

Un tío abuelo por parte de mi padre fue tomado cautivo por los indios americanos durante la Guerra Civil. Muchas otras razas se han casado con estos pueblos, o sin saberlo, tienen esta ascendencia.

Se nos prohíbe adorar a Moloc, practicar la adivinación, ser un observador de los tiempos, un encantador, una bruja, un encantador, un consultor con espíritus familiares, un mago o un nigromante. (Deut. 18:9-12).

En el verano de 2020, escribí ochenta páginas sobre los Boy Scouts. Hay cientos de campamentos de Boy Scouts en todo el mundo, en Israel, en México. Todos los que participan en Boy o Girl Scouting, sus ceremonias y artesanías, absorben los espíritus de estos indios americanos y otras tribus indígenas. Mi padre fue incluido en la Orden de Boy Scouts de la Flecha en un campamento de Scouts en Dakota del Norte en 1959. Mi esposo, en un campamento al sur de la Ciudad de México en 1972, cuando su familia vivía en México.

Park, mitad indio americano, escribió en "Witchcraft Idolatry and Indian Ways", "toda la adoración a imágenes, ídolos y espíritus es paganismo. Los rituales y ceremonias son para bestias, animales, aves, cosechas, estrellas, espíritus demoníacos y guías espirituales. Los guías espirituales (espíritus familiares o ángeles caídos) trabajan el espíritu de adivinación y envían agentes (entidades menores) a menudo considerados deidades, que se hacen pasar por dioses o diosas. [87]

Park ordena destruir todas las cosas malditas utilizadas en esta adoración al espíritu demoníaco. Ropa, máscaras, mocasines, sonajeros, plumas, granos, partes o diseños de bestias, aves, peces y cosas rastreras. Además, el Ojo de Dios, muñecas, mantas, alfombras y joyas, especialmente plata y turquesa.[88] Este autor agrega la rueda de la medicina o atrapasueños y le aconseja que deje de visitar sus pow-wows, museos, cementerios, reservas, cuevas y monumentos.

Park dijo que la participación en la adoración de cánticos, oraciones, bailes o rituales ceremoniales que han bajado a través de las enseñanzas de generación en generación o adquirir estos artículos, o aquellos con símbolos paganos, ha trajo una maldición sobre las personas y sus familias. Renuncia cada espíritu ancestral, guía espiritual y espíritu demoníaco. Arrepentirse y aplica la sangre de Jesús entre ti y los espíritus.[89] (Deut. 7:26; Hech. 19:19).

Eche fuera lo anterior, especialmente las maldiciones de usted o de su antepasados habiendo sacrificado o siendo el sacrificio para el dios, Moloc; fracaso para tener éxito, los terrores, el odio, la destrucción y los espíritus de muerte. Si ministra a o con estas personas, los hispanos o Scouts, obtén la liberación de estos espíritus de los indígenas tribus, así como sus otras ataduras. (Vea Apéndice A. Vea Abuso Ritual Satánico.

Evidencias que he visto de esta ascendencia en las iglesias son los cortes de pelo tomahawk, plumas grandes para la decoración en el santuario o con ofrendas de aceite de unción, y un collar con una garra. (Vea apéndices L y M)

Brujería de África en la Música Eclesiástica

La adoración de los dioses Orisha es brujería africana, traída con aquellos obligados a servir como personas esclavizadas en el sur de los Estados Unidos de América. Landry dijo que los tambores Orisha, los sonajeros de calabaza y la danza se introducen en la música de adoración de la iglesia, trayendo maldiciones generacionales y posesión demoníaca en lugar del verdadero Espíritu Santo.[90] La música era salvaje un domingo, así que entré en el gran vestíbulo de la iglesia. ¡El hombre que era un saludador estaba bailando con una mujer que no era su esposa!

La música, la danza y los tambores de los orishas también han llegado a la iglesia a través de refugiados africanos recientes.

La ascendencia africana también puede haber traído ataduras del catolicismo, la ortodoxia, la masonería y el islam.

8

Símbolos y Emblemas que Traen Maldiciones

Sólo la menorá de siete brazos fue usada como símbolo en el tabernáculo. Todos los símbolos de la masonería, Scouting, y la brujería traen maliciones; Kitchen, Stevens y Park han expuesto muchos de estos símbolos.

"Mi pueblo fue destruido, porque le faltó onocimiento."
(Os. 4:6).

Park dijo que las personas han estado bajo la persuasión y la influencia de los poderes demoníacos durante generaciones al tener estos emblemas en sus hogares o posesiones. Ella critica muchos símbolos, incluyendo la estrella de seis puntas, tres de las estrellas de cinco puntas, la pirámide y el ojo en la parte posterior del dólar estadounidense, y la cruz Ankh.[91] Ella dice que el asterisco y las estrellas, símbolos para maleficios, se usan para botones en mocasines y botas.[92] Walmart usa el símbolo del asterisco. Selwyn Stevens critica el símbolo masón del Punto dentro de un Círculo de la adoración pagana del falo, que parece ser el símbolo de la tienda Target. (Vea más símbolos en: Adoración de los Dioses de los Pueblos Indígenas, capítulo, No Tener Otros Dioses).

Isaías dijo: "Así Jehová de los ejércitos descenderá a pelear sobre el monte de Sion, ... Porque en aquel día arrojará el hombre sus ídolos de plata y sus ídolos de oro, que para vosotros han hecho vuestras manos pecadoras."
(Is. 31:4b, 7).

Las banderas que cuelgan en muchas iglesias tienen el sol, la luna o las estrellas, que están prohibidas en Éxodo 20: 3-5. Las estatuas también están prohibidas.

Un pastor hispano tuvo reuniones en un banco de alimentos en West Colfax. Puso un letrero en la puerta. Si Jesús fuera asesinado con un arma, ¿usarías una pistola alrededor de tu cuello?

Alberto Rivera dijo que el crucifijo es un símbolo jesuita para venganza y muerte.[93]

La luna creciente y la estrella que representan a Diana y Venus son un símbolo para las brujas y el Islam.

La Estrella de Seis Puntas

Comenzando con Janucá en diciembre de 2007, la gente me atacaba, gritándome, los días siguiente de asistir a cuatro reuniones donde se exhibía la estrella de seis puntas. Esto me hizo investigar este símbolo. En Hechos 7:42-43, Esteban cita a Amós y conecta esta estrella con Moloc y entrando en cautiverio. (Moloc, Ver Abuso Ritual Satánico, capítulo No Tener Otros Dioses.)

En una lección sobre Tamuz en 1979, la pastora Eloyse identificó las seis entidades poderosas en la estrella de seis puntas. La lista de 80 la ayudó a reconocer los tres puntos del triángulo que apunta hacia abajo, que representa la trinidad bajo Satanás; Baal o Belcebú, Ashtaroth, y Put Satanachia. (Vea la lista 80, Apéndice E).

Ella enseñó, los tres puntos del triángulo que apunta hacia arriba representan a Lucifer; Nimrod, Semarimis (Semiramis) y Tammuz.[94] Según ella, esta estrella está bajo Pitón.[95]

Versículos bíblicos sobre Lucifer, Lucero, (Is. 14:12-21). Nimrod, (Gén. 10:8-10). Tamuz, (Ezeq. l8:14).

Según Park, esta estrella se utiliza en sacrificios de sangre y magia, "la conjuración de fuerzas para hipnotizar y seducir". "Los espíritus malignos se reúnen con fuerza ante la convocatoria de la persona que trabaja el "hex," el maleficio."[96]

Esta estrella está teniendo efectos perjudiciales en las personas que asisten a las congregaciones. Dos de estas congregaciones trajeron más problemas al mostrar dos estrellas. Sé de tres mujeres que abandonó el mesiánico debido a la forma en que las mujeres eran tratadas en una de estas congregaciones. Conozco a tres personas mesiánicas, incluido un líder, que han ido al judaísmo rabínico. Me encontré con tres personas que habían sido mesiánicas desde la infancia. Una mujer que tenía una Bat Mitzvá había ido al budismo. Una persona profesional no estaba segura de ir al cielo. Un joven en el autobús de RTD me preguntó si sabían que yo estaba presenciando. Le hice tomar el libro de Sid Roth, *They Thought for Themselves*, (Ellos Pensaron por sí Mismos) historias de diez personas judías que creen en el Mesías.

La pastora Eloyse dijo que Put Satanachia, uno de los seis poderes demoníacos en esta estrella, está sobre falsas doctrinas. ¡Un líder que tenía dos estrellas dijo que es "salvación por obras" no tomar la marca de la bestia! (Vea Preocupaciones Sobre el Judaísmo Mesiánico, capítulo Las Fiestas y Sábados Bíblicos).

Desecha las estrellas de 6 puntas que tengas. Están bajo Pitón, la Cábala, Satanás, Lucifer. Python, Pitón, trae cáncer y muchas otras maldades. No me gusta la bandera de Estados Unidos con estrellas. Cada dos años yo visitaba la oficina de una mujer. Ella dijo que era pagana y tenía varias estrellas tridimensionales de 5 puntas con banderas en sus paredes.

Graham, un líder mesiánico que escribió *La Estrella de Seis Puntas*, fue desafiado por un judío ortodoxo sobre el uso de este símbolo. Graham descubrió que esta estrella no tiene origen judío, pero fue popularizada por Rothschild, utilizada por Hitler contra los judíos, y luego en la bandera de Israel. Se utiliza en la brujería y la Cábala.[97] Corté la estrella de la portada de su libro.

En la 4ª edición de su libro, conecta al Rey Salomón y esta estrella con la masonería y el Anticristo. (Amós 5:26; Dan. 8:24-27).[98]

No pude convencer a Claudia Spiro, aunque era judía, no debería tener la estrella de seis puntas. Murió de cáncer en enero de 2023. (Vea las instrucciones sobre liberaciones). Aunque el pastor Eloyse enseñó sobre los peligros de esta estrella en 1977, muchos años después, ella y otras personas compraron chales de oración con estrellas de seis puntas. En 2006, su cáncer volvió por segunda vez. Murió cuatro años después. Su esposo tenía una fuerte ascendencia fremasona que usa esta estrella como símbolo. (Vea Apéndice E, #4).

El libro de Yvonne Kitchen sobre la masonería delinea tantas similitudes, pero blasfemias con el templo de Salomón en Jerusalén que creo que el próximo templo construido será un templo de la masonería del Anti-Mesías. Ron Cantor, un autor mesiánico en Israel, está de acuerdo, citando Daniel 9:27. Dijo que deberíamos buscar el cuarto templo, el templ del Mesías, no el tercero. (Cantor, Vea Referencias).

9

Enseñanza Sobre la Liberación Real y Guerra Espiritual

¿Por qué estamos haciendo liberación y guerra espiritual? Se nos manda en Marcos 16:17. *"Porque el diablo ha descendido a vosotros con gran ira, sabiendo que tiene poco tiempo."* (Apoc. 12:12b).

Aquí hay cuatro instructiones en la biblia para echa fuera los demonios: atar (Mateo 16:19), reprender (Judas 9), tomar autoridad sobre (Lucas 9:1), y expulsado.

"Y estas señales seguirán a los que creen; En mi nombre echarán fuera demonios;"
(Mar. 16:17).

Cuando expulso demonios de mí mismo o de otros, digo: "Ve, en el nombre de Yeshúa." El demonio frecuentemente dice: "I'm not in here." (No estoy aquí) o "I'm not going to leave." (no me voy). Abrevio y registro este: INIH o INGTL. Entonces puedo obtener mi liberación o una liberación apoderada para la otra persona.

Anoto el tipo de liberación que recibo. Un bostezo, tos o eructo, a veces vómitos. (Mar. 1:25-26; 9:25-27; 16:20; Hech. 2:43, 8:5-8). Archivo estas páginas en orden alfabético para consultarlas más adelante. Esto fue beneficioso la segunda vez que me contagié de COVID-19, porque sabía qué espíritus echar fuera y cómo ganar fuerza después. (Vea capítulo Liberación de Maldiciones).

En Marcos 9:29, Yeshúa dijo que el ayuno y la oración son necesarios para liberar demonios fuertes. Estos demonios también deben echar fuera.

Anna echó fuera los espíritus de cuatro maneras: heredados, activos, reprimidos y latentes. Agregué "transferido". Abuso de la infancia puede transferirse a relaciones más adelante en la vida, bloqueando el amor. (Rom. 5:12). La pastora Eloyse dijo que la falsa culpa y el odio podrían transferirse a las madres (y esposas). Esta transferencia satánica puede obstaculizar su eficacia en el hogar.[99] (Vea Odio a las mujeres y los niños, capítulo Liberación de Traumas). El odio también puede transferirse a los maridos.

La liberación puede tener lugar en sesiones individuales o grupales. O varias personas puedan ministrar a una persona. En CLF las liberaciónes individuales fueron registradas y archivadas. La pastora Eloyse y sus trabajadores liberaron demonios por sus nombres, por los motivos (cómo entraron), por sus obras, adicciones y otro características. La pastora Eloyse compiló y llamó a estos "patrones demoníacos". Ella creía que los demonios no estaban solo en el alma u oprimiendo desde el exterior, sino en el espíritu, aunque la persona pudiera tener el Espíritu Santo. (2 Cor. 7:1). El Espíritu Santo revela de qué necesitamos liberación.

Las personas con espíritus religiosos no aceptarán la liberación. Pero si has sido llamado a orar por ellos, perdona sus pecados y echa fuera espíritus en oración por ellos. (Ver capítulo, Perdonar Pecados). La pastora Eloyse ministró a aquellos que estaban desesperados.

Estos demonios pueden ser enviados al abismo. (Lucas 8:31).

Expulsando Demonios por Nombres Propios

Éxodo 20:3-5 y Josué 23:6-8 nos prohíben tener, hacer, inclinarnos, servir, nombrar o jurar por otros dioses. Tanto las maldiciones como los dioses demoníacos tienen nombres que pueden usarse cuando se enseña la liberación y en la liberación real del poder de los demonios.

La pastora Eloyse dijo: "Si el demonio es expulsado por su nombre, la autoridad y el poder del demonio se han ido." Ella dijo, en intercesión, por alguien que no está presente, el uso de los nombres de los demonios en la liberación los libera para buscar ayuda. Ella sabía que Satanás ataca los ministerios de liberación que usan nombres propios. Él no quiere éxito en la liberación."[100]

La mayoría de los cristianos tienen miedo de los demonios y de las personas que ministran liberación y hacer guerra espiritual. Satanás quiere ministerios de liberación difamados por otros, y opuestos unos a otros, por lo que pocas personas en esclavitud son liberadas. (Lucas 9:49-50).

Expulsar demonios por sus nombres es un nivel más alto de liberación. El Espíritu Santo reveló estos nombres de demonios al pastor Eloyse y Anna para liberar a las personas. (Is. 61:1). Aprendí a usar los nombres de los demonios en la liberación y la guerra espiritual en CLF. Yo uso la lista de los 80, la Lista de Lujuria Sexual del Pastor Eloyse, la lista de Liberación Homosexual Milagrosa, otras listas, y pasajes de la Biblia. Se obtiene más información sobre el problema cuando uso estas listas. (2 Rey. 6:8-23). (Ver Apéndice E y F).

Yeshúa usa a las mujeres para ministrar liberación and y guerra espiritual?

"Y lo vil del mundo y lo menospreciado escogió Dios, y lo que no es, para deshacer lo que es,"
(1 Cor. 1:28).

El uso del pastor Eloyse de los nombres de los demonios de la lista 80 logró una liberación milagrosa de una mujer que no había podido entregar anteriormente. Ella descubrió que un principado a la vez podía ser entregado cuando se trabajaba para liberar a un creyente dedicado. Pero puede tomar más de una sesión de liberación.

He usado la lista 80, la lista del pastor Eloyse de Demonios de la Lujuria Sexual y muchas otras listas CLF para la liberación y la guerra espiritual. (Vea Demonios de la Lujuria Sexual, la lista 80 y Miracle Homosexual Deliverance, Apéndices E, F, N).

Los autores a los que he hecho referencia, Campbell, Kitchen, Stevens e Hislop, han expuesto los nombres de los demonios. Unger describe y nombra cuarenta y un dioses y diosas demoníacos de la Biblia.[101]

Nombres de Demonios en el Nuevo Testamento

Había un hombre poseído por demonios en el país de los gadarenos.

"Jesús le preguntó, diciendo: "¿Cómo te llamas? Y él dijo: "Legión", porque muchos demonios habían entrado en él." (Lucas 8:30)

Las personas que odiaban los milagros de Yeshúa lo acusaron de expulsar demonios usando el poder de un demonio llamado Belcebú.

La respuesta de Yeshúa indica que no podía usar tanto al poder de Satanás como al poder del Espíritu Santo para expulsar demonios. (Lucas 11:14-20). (Belcebú, véase La lista 80, Apéndice E).

"Mas si por el dedo de Dios echo yo fuera los demonios, ciertamente el reino de Dios ha llegado a vosotros." (Lucas 11:20).

Júpiter y Mercurio son dioses romanos. (Hechos 14:12).

Zeus y Hermes son dioses griegos. (NVI)

El templo de Diana estaba en Éfeso. (De Artimisa, NVI). Se creía que cayó de Júpiter. (Hech. 19:23-41).

La Guerra Espiritual

La Dr. Brown, en el capítulo 16 de Preparémonos Para La Guerra, opone a la dieta vegetariana que defienden las religiones de la Nueva Era. En tiempos de intensa guerra espiritual, ella come carne al menos dos veces al día. Ella dice que sin proteínas uno puede debilitarse, enfermarse y ser incapaz de combatir las infecciones. Cito a Providence en la liberación de COVID-19 en mi sitio web, giveyeshua.com. Aprendí que tenía que comer 75-100 mg. de proteína al día al recuperarse de COVID-19.

Camino alrededor de iglesias, instalaciones médicas, hogares y unidades de vivienda. En una unidad de viviendas múltiples donde supuestamente se vendían drogas, cada vez se obtenía más información sobre el problema cada vez que hacía guerra espiritual. Yo simpaticé con los lamentos de as mujeres, los residentes o las mujeres sin hogar, que estaban siendo víctimas. Compartí esta información con la policía y la junta de HOA. Los narcotraficantes fueron desalojados, arrestados o se mudaron. Entonces, Yeshua me dijo que orara por las personas sin hogar que aún venían a una unidad, así que le pedí a Yeshua que perdonara sus pecados. (Ver capítulo Perdón). Aunque una mujer fue apuñalada, no la mataron, pero luego la desalojaron.

Estas victorias tuvieron el costo de ser difamadas por otros residentes debido a mi testimonio y el cuidado de las personas sin hogar. Pero un hombre volvió para decir que se salvó en la cárcel y que tenía trabajo. Otro me agradeció por pagar su pasaje a un refugio para personas sin hogar en un día gélido.

¿Puede un Cristiano Tener un Demonio?

Yeshúa es el Mesías. Él cumplió Isaías 61:1, viniendo a liberar a los cautivos, liberando a muchas personas, incluyendo a una hija de Abraham en el día de reposo. (Lucas 13:16) (Vea Lucas 4:18, 8:1-3).

Algunos líderes religiosos no admitirán que un cristiano puede tener un demonio. Por lo general, dicen que una persona no es realmente salva si no puede dejar de pecar y si necesita liberación. Esta doctrina mantiene a las personas en las iglesias en silencio y suffriendo sobre algunos problemas en lugar de pedir oración y liberación.

Los miércoles por la noche, el pastor asistente dirigió una discusión recurrente, "¿Puede un cristiano tener un demonio?" Algunas en el grupo creían que un cristiano podía tener un demonio. Este tema me irritó, así que fui a una iglesia española el miércoles.[102] Al regresar con mi esposo y encontrar el mismo tema repetido, hablé con él después de la lección, diciéndole que quería que estuviera seguro de que iría al cielo. Dijo que era un asunto privado. ¡Me sorprendió! No está seguro de ir al cielo.

Cheryl Bryan, en "La Conferencia Isaías 61," dijo con respecto a la liberación de Deborah Joy, el corazón de Abba adora a la humanidad en medio de su lucha. Pero la iglesia adora a la humanidad cuando son buenas. (Bryan, vea Referencias).

Evidencias de que un Cristiano Puede Tener un Demonio

Acepté al Salvador en 1961 y 1983. Necesitaba liberación de demonios y maldiciones, incluso después de dejar el pecado y la victimización de Nebraska en 1983. Tomé una prueba psicológica en 1996 que indicó que no estaba "mentalmente enferma", pero recibí grandes liberaciones de Anna en 1999. Todavía estoy recibiendo liberación.

Whetstone, ahora un ministro mundial, pasó todas las pruebas psicológicas, pero su madre dijo que tenía demonios.[103] Las iglesias ponen literatura en el baño de mujeres para aquellos que están siendo abusados o que necesitan curación después de los abortos.

Muchos adolescentes en una iglesia le dijeron a Lisa Bevere que habían sido violados sexualmente y abusados sexualmente a manos de aquellos en quienes habían confiado.[104]

Un ex "curandero" en la iniciación de la Orden de los Boy Scouts de la Flecha reveló que debía llamar a los espíritus del bosque, determinar sus nombres y darles como guías espirituales a los otros miembros. Esto le causó a él, un creyente, una severa opresión y obstáculos, pero después de la liberación por Micah Stephen Bell, pudo cumplir su ministerio en Francia.[105]

Bismark expulsó la maldición bastarda de sí mismo, de sus muchachos y de su iglesia. (Vea Traumas de afro-americanos, capítulo Liberación de Traumas).

Unger escribió: *What Demons Can Do to Saints* (Lo que los demonios pueden hacer a los santos). (Vea Referencias).

La pastora Eloyse y Anna documentaron los nombres de muchos demonios que causan enfermedades.[106] Taylor dijo que los ochenta espíritus en su lista podrían apoderarse del cuerpo humano. (Vea COVID-19, capítulo Liberación de Maldiciones. Vea la lista de los 80, Apéndice E).

Los muchos ministerios de liberación en todo el mundo indican que los cristianos buscan y reciben liberación.

Médiums, Espíritus Familiares y Órdenes Secretas

En una página de nota rosa sin fecha, escribí: la pastora Eloyse y Anna sabían que los médiums, los espíritus familiares y las órdenes secretas no salen con una oración de salvación o un bautismo de inmersión.

Un Médium

La pastora Eloyse creía que los médiums eran canales para maldiciones de generaciones anteriores.[107] (Lev. 19:31 LBLA, Is. 8:19 LBLA).

Irene Park comparó a un médium con un brujo, un mago y una bruja.[108]

Yvonne Kitchen dijo: "Un maestro masón (del tercer grado de la masonería) es un médium a través del cual los demonios pueden hablar".[109]

"*Samuel había muerto, y todo Israel lo había llorado, y lo habían sepultado en Ramá su ciudad. Y Saúl había echado de la tierra a los médium y espiritistas.*"

(1 Sam.28:3 LBLA).

La versión (RVR1960) usa "*los encantadores*" no médiums.

Espíritus Familiares

Los espíritus familiares vienen a través de pecados sexuales, abuso sexual o besos frecuentes. Los espíritus familiares también pueden venir a través del abuso, la idolatría, el liderazgo religioso o cualquier relación cercana como maestros, profesionales médicos y los medios de comunicación. Echa fuera todo aspecto del pecado o trauma. (Ver La Lista de Liberación para Espíritus Familiares, Apéndice G).

Meridel Rawlings, *Stain Remover, healing the indelible stain of child sexual abuse* (Quitamanchas, sanando la mancha indeleble del abuso sexual infantil). Ella escribió sobre el conocimiento bíblico y la habilidad espiritual de la pastora Eloyse, utilizados bajo la autoridad del Dios Todopoderoso para libérala de la mala voluntad (Gen. 4:7) de las mentes criminales que la encerraron en la prisión del incesto.

Habiendo sido traumatizada por su abuelo, que era pastor, su padre (que se arrepintió) y su tío, Rawlings dijo: "Grité sus nombres (espíritus familiares) y exigí en el Nombre del Dios Viviente que la "mala voluntad" de cada uno dejara mi vida."[110] Sus tesis doctorales examinaron familias de incesto de cuatro religiones diferentes.

10

Liberación de Maldiciones

Gene y Erline Moody, autores de muchos libros de liberación, dijeron: "Si los demonios tienen derecho a permanecer ante Dios debido a una maldición, no podrás expulsarlos. Si usted echalos fuera, volverán a entrar." Pero citan a Joel.[111]

"Y limpiaré la sangre de los que no había limpiado; y Jehová morará en Sion."

(Joel 3:21).

Creo que el término psiquiátrico, "delirios fijos," son mentiras que la gente cree. Son difíciles de erradicar porque las maldiciones refuerzan estas mentiras. Estas son doctrinas falsas que los líderes religiosos aprenden en los seminarios.

Algunos creen que Yeshúa borró todas las maldiciones en la cruz, pero las maldiciones existirán hasta que Satanás sea arrojado al lago de fuego y se establezca el trono del Cordero y Dios, el Padre. Entonces no habrá más maldiciones. (Gál. 3:13; Apoc. 20:10, 22:3).

Mina R. Brawner, quien dejó su profesión como médico para ministrar el evangelio, dijo: Jesús llevó nuestra maldición en la cruz. Aún así, es solo una experiencia real para nosotros ser sanados y libres en la "prueba del parto" si esta curación es "creída y apropiada". (Gálatas 3:13).[112]

Cómo Entran las Maldiciones

Moisés dijo: "Pero acontecerá, si no oyeres la voz de Jehová tu Dios, para procurar cumplir todos sus mandamientos y sus estatutos que yo te intimo hoy, que vendrán sobre ti todas estas maldiciones, y te alcanzarán."
(Deut. 28:15).

La Diferencia entre Hechizos y Maldiciones

Park dijo que los hechizos se lanzan sobre humanos, aves o animales. Luego, las mentes de los demonios trabajan para cambiar la personalidad, las características o las acciones del ser mediante la adivinación, para manipular, atacar o matar (como con las enfermedades).

Una maldición y maleficios pueden traer destrucción durante tres, cuatro o diez generaciones. (Éx. 20:3-5, Deut. 23:2). Además de los humanos, las aves y los animales, se puede lanzar una maldición sobre objetos inanimados como joyas, estatuas, máscaras y recuerdos con tallas, pinturas o diseños. El espíritu de adivinación adivina a través del objeto. Las maldiciones (como Lutero o Luciferina) pueden permanecer en un edificio, una iglesia, o traer un poltergeist ruidoso.[113]

Park dijo que las brujas rezan por el "destrozo de los cuerpos". También envían hechizos sobre líderes gubernamentales, pastores, misioneros, aquellos que creen en Yeshúa, y sus familias. Los accidentes, las muertes y las enfermedades son más frecuentes en los sábados de las brujas.

Cualquiera puede enviar hechizos. Fernando Pérez nos alerta para que nos enfrentemos a toda fuerza maligna motivada por los celos, el odio, la envidia y la venganza. (Pérez, vea Referencias).

Echa fuera a Enyo y Oblivio, un deseo de muerte, sobre todas las maldiciones.[114] Escoge la vida y las bendiciones. (Deut. 30:19). (Ver Muerte y espíritus suicidas, Apéndice K).

El diezmo rompió el hechizo (Malaquías 3:8-12).

Después de una boda, algunos miembros de nuestra familia comenzaron a someterse a cirugías debido a lesiones y perdimos cuatro cheques en el correo. Mi esposo comenzó a diezmar y el hechizo sobre nuestro dinero se rompió. Usé la lista en el Apéndice G y Yeshua me mostró quién envió el hechizo en la boda.

He diezmado desde que mi primer esposo se fue. Mi segundo esposo y yo dimos $100 como semilla de fe en 1996 para comprar una casa. Fuimos bendecidos con 3 subvenciones y una pequeña hipoteca para comprar nuestro pequeño condominio.

Lo que las Maldiciones te Hacen

Los resultados de las maldiciones se enumeran en Deuteronomio, D'Varim, 28:16-68. Si los creyentes no tuvieran maldiciones hoy, no tendrían ninguno de los problemas de los que habla Moisés.

Accidentes, muertes tempranas, pérdida de esposa e hijos, rechazo, destrucción, guerra, sequía, locura, victimización, dispersión entre otras naciones y servicio a sus dioses. Miedo, el terror y la angustia te hacen inútil, incluso como personas esclavizadas. Nadie te contratará.

Si no obedecemos a Yah, Dios Padre, sirviéndole con gozo cuando tenemos abundancia, serviremos a nuestros enemigos con carencia. (Deut. 28:46-48).

Puedes identificar a las personas que tienen maldiciones de varias maneras. Tienen enfermedades graves, carecen de la seguridad de la vida eterna y no pueden trabajar para Yeshúa. Las maldiciones crearon la miserable, miserable, pobre, ciega y desnuda, iglesia de los últimos tiempos de Laodicea. (Apoc. 3:17). Las maldiciones crean incredulidad y odio hacia Dios y llevan a muchos al infierno, que nunca fue destinado a las personas. (Mat. 25:41). El infierno y la destrucción esperan al incrédulo. (Mar. 16:16b; Hech. 3:22-23).

Muchas personas que han tenido el bautismo infantil o han pertenecido a organizaciones relacionadas con los masones, y aquellos que han tenido traumas, pueden no estar seguros de ir al cielo, incluso después de confesar sus pecados. He aprendido incluso a preguntar a los pastores si tienen confianza en ir al cielo.

Rebecca Brown escribió, *Maldiciones sin Quebrantar: La Fuente Escondida de Problemas en la Vida Cristiana*. (Vea Referencias). En el capítulo 13 de *Él Vino a Dar Libertad a Los Cautivos*, Brown dice que cualquier trato con Satanás son "entradas" para maldiciones.

Un hombre con un ataque cardíaco severo creía que iba al infierno porque una maldición vudú había sido colocada sobre él cincuenta años antes, impidiéndole aceptar a Jesús. Brown, en voz alta, ató a Satanás y sus demonios en el nombre de Jesús, liberándolo para aceptar a Jesús y recibir paz antes de morir.

Maldiciones Sobre las Familias y Las Naciones

Kitchen dijo: "Las maldiciones impiden que familias enteras sigan adelante con Dios". Durante generaciones, las maldiciones pueden afectar a una familia, comunidades enteras, tribus y naciones. Cada grado de la masonería trae maldiciones a partes específicas del cuerpo. Examine su árbol genealógico para detectar muertes tempranas y el tipo de muerte para identificar una maldición sobre su línea genealógica.[115]

Las familias y los ministerios de liberación deben discernir si hay maldiciones que necesitan ser quebrantadas. En la familia de mi madre, las generaciones mayores fueron dirigidas por pastores luteranos y presidentes de seminarios. Mi padre, un pastor luterano, dirigió dos tropas de boy scouts. Las familias de mi primer esposo eran pastores nazarenos y, como él, músicos de iglesia, pero él se unió al militar y a los Jaycees. Yo era una líder de girl scouts, y nuestros hijos estaban en el Movimiento Scout.

Esto trajo más maldiciones y pecado, una enfermedad rara para mi madre, discapacidades, divorcios, muertes prematuras, cáncer, fugas de vejiga y otras enfermedades, incluyendo abuso sexual infantil y adulto, adicciones, problemas espirituales e incredulidad. Las maldiciones hicieron que algunos permanecieran solteros o se casaran con la persona equivocada. El control de la natalidad causó que algunos tuvieran pocos o ningún hijo.

Un sobrino es transexual porque fue separado de su padre cuando sus padres se divorciaron, y un líder de Boy Scouts lo violó. Se negó a presentar un reclamo de abuso sexual contra el tribunal de bancarrota de los Boy Scouts of America antes de la fecha límite del 16 de noviembre de 2020. En la familia de mi segundo marido, la masonería y la incredulidad eran más fuertes, y cuatro de cada cinco tenían cáncer.

Lucario dijo: "Los sobrevivientes de traumas complejos a menudo sufren una pérdida de fe. Esto puede ser sobre las personas, el mundo como bueno, la religión y una pérdida de fe sobre uno mismo".[116] Toda mi familia abandonó la iglesia luterana, pero mis padres tuvieron que regresar para conservar sus beneficios. Algunos de nosotros recibimos el Espíritu Santo con lenguas. Comencé a guardar las fiestas bíblicas y los sábados y a usar el nombre de Yeshúa. (Vea Lucario, Apéndice H).

COVID-19

Las maldiciones traen pestilencias que se adherirán a ti. (Deut. 28:21-22). Fiebre. Enfermedades crónicas o discapacidades permanentes. El mundo y la iglesia han sido traumatizados por la pandemia. (Mateo 24:8-14). Creo que se han asignado hechizos de brujería a los pastores que causan que muchos mueran de COVID-19. Cuando estaba en la UCI con neumonía COVID-19 en 2020, Yeshua me dio más de treinta ataduras para expulsar.

Al menos tres eran maldiciones de la década de 1960. Tanto en 2020 como en 2022, los espíritus Oblivio y Zombie precedieron a la maldición de brujería del virus. Belcebú y Baphomet trajeron un aislamiento que no quería dejarme. Tuve que luchar nuevamente contra el guía espiritual de Lutero y los espíritus homosexuales que trajeron irritabilidad contra mi esposo el día antes de que obtuviera una prueba COVID-19 negativa en 2022. Junto con COVID-19, la transexualidad ha ido en aumento. La liberación de COVID-19 está en mi sitio web, así como las canciones que canté en un hogar de ancianos antes de COVID-19.[117]

Cómo Eliminar Maldiciones

Nunca envíes una maldición de vuelta a donde se originó. Esto es brujería. Debes bendecir al remitente, y quieres que sea salvo. (Lucas 6:28). Oren para que las maldiciones contra ustedes se conviertan en bendiciones. (Neh. 13:2). Si no, es posible que tenga que distanciarse de ellos.

Perdona a tus antepasados y a los de tu cónyuge, incluso si han fallecido. (Génesis 2:24). Perdónalos y pídele a Yeshua que perdone sus pecados si están vivos. (Juan 20:23a). Ministrar la libertad caminando por un área haciendo guerra espiritual y la liberación para ellos. (Ver capítulo, Perdonar Pecados).

Libera los "motivos" para la maldición: heredada o personal, de órdenes secretas, pecados, relaciones sexuales o traumas. (Ver Pérez, arriba).

Eche fuere los resultados de las maldiciones: ateísmo, muerte prematura, enfermedades, eaadicciones, discapacidades, pobreza, divorcio o separaciones. (Vea "Lo que las maldiciones te hacen," arriba.)

Eche fuere la Lista de Liberación para Espíritus Familiares, Apéndice G. Si eres espiritualmente fuerte, eche fuere los nueve principados principales en la lista 80. Pronuncia las maldiciones que he incluido en este libro.

Obtén liberaciones en YouTube; Evangelista Carlos Annacondia, Profeta Ingrith Benavides o otro. (Vea Referencias).

Ordene los libros de Whetstone, Prince o Brown sobre maldiciones. (Vea Referencias).

Krodeus, la Maldición Bastarda

Ahora soy elegido, adoptado y aceptado en el Amado. (Efes. 1:4-6). He sido injertado en el cuerpo de los creyentes. (Rom. 9:26; 11:17). Los lanzamientos de Anna en 1999 me dieron libertad.

Aunque mi mamá y mi papá estaban casados cuando fui concebido, este espíritu entró porque tomé el espíritu de un niño que fue concebido fuera del matrimonio. También yo tenía todas las ataduras a continuación que hacen que Krodeus entre.

Las personas adoptadas a menudo tienen este espíritu. La concepción puede haber sido en violación. El bebé puede haber sido abortado. Echa fuera el espíritu de Molech junto con Krodius.

La pastora Eloyse se enteró de que esta maldición maestra, la maldición bastarda, se llama Krodeus. Los patrones CLF indican que esta maldición funciona para destruir el cuerpo, el alma y el espíritu. Este espíritu también entra por ser el homónimo de una persona maldita, bautismo infantil y todos los pecados sexuales y traumas sexuales. También entra con el Scouting, la masonería, la brujería, y se hereda. Krodeus trae enfermedades en los riñones, tracto gastrointestinal, sistema respiratorio superior y dolores severos en todo el cuerpo.

Antes de recibir la liberación, hay culpa, condenación y temor de no ser salvados. Hay temor, victimización, ganas de dormir, sentimiento de rechazo y adicciones, especialmente al pecado. Esto se puede hacer en secreto viendo violencia en los medios.

Put Satanachia entra con Krodius y también con Luciferina. (Put Satanachia, Ver #4, Apéndice E). Como enseña Tudor Bismark, esta maldición es lo más importante de echa fuera.

Los Miller y Moody's, quienes fundaron Lake Hamilton Bible Camp, compilaron The Curse of the Bastard. "La lujuria entra y los demonios de la lujuria seguirán a todos los hijos de esta línea". "Las observaciones actuales incluyen más bastardos, rebelión familiar y personal, enfermedad, suicidio, incapacidad para sentirse bienvenido o en paz en la casa de Dios, asesinato, delincuencia y enfermedad mental". Documentan la dependencia del gobierno; estas personas tienen discapacidades, pueden estar confinadas en un hogar de ancianos, encarceladas o sin hogar.

El rey David concibió un hijo bastardo de Betsabé. (2 Sam. 11:1-5). Salomón, su segundo hijo, estaba plagado de lujuria e idolatría. Construyó un ídolo, Moloch, para sacrificar bebés en una colina cerca de Jerusalén. (1 Reyes 11:1-8).

Mi enseñanza sobre esta maldición se encuentra en varias partes de este libro.

(Vea Día de San Valentín y Fornicación, y Las Diosas Entran con el Bautismo Infantil, Capítulo, No Tener Otros Dioses)

(Vea Bismark, Traumas afroamericanos. Capítulo, Liberación de Trauma)

(Vea Liberación del Aborto, Apéndice D y Apéndices F y N)

(Vea Las maldiciones traen adicción, Capítulo, Liberaciones al Testificar).

Más Maldiciones y Demonios Para Eche Fuera

Todos los nombres de demonios en esta sección son de archivos de liberación CLF a menos que se identifique lo contrario. Recuerda atar a Baal y Belcebú. Luego eche fuera todo esto.

- "Ser el maldito".
- El odio a Dios y a las personas es extremo en brujería. Especialmente el odio hacia aquellos que creen en Yeshúa. El odio es como el asesinato.
  (1 Juan 3:15).
- El odio proviene de mezclar el evangelio en la iglesia dominical o sabática con brujería.
- Lucifer, Sabean y Put Satanachia.[118] Lucifer mata a su propio pueblo y destruye su propia tierra. (Is. 14:20).

- Nimrod, bajo Lucifer, que viene de maldecir y ser maldecido o gritado.[119]
- Nimrod, la falta de comunicación, el sadismo y un muro de odio entre uno mismo y los demás.[120]
- La lujuria, realmente odio. Sabean, en Ezequiel capítulo 23, especialmente los versículos 39 y 42, muestra la conexión entre la lujuria y el sacrificio de los niños entre aquellos que pretendían adorar a Yahveh.[121]
- Sytry, "produce desnudez". (La lista 80, Apéndice E). El voyeurismo y el exhibicionismo pueden provenir de haber sido molestados. Anna dijo que el que mira recibe la maldición.

La Maldición del Antisemitismo

El antisemitismo hace que la iglesia rechace las fiestas bíblicas, el sábado del séptimo día y el nombre de Yeshua. Johnson informa que siglos de antisemitismo católico y luterano culminaron en el hitlerismo. Alemania sigue pagando a los sobrevivientes del Holocausto, dándoles un dólar por cada día que fueron encarcelados, obligados a vivir en un gueto o usar una estrella.[122]

Lutero, un Demonio del Anti-Semitismo y el Abuso Sobre la Iglesia Protestante

Vi un demonio en la oficina del sótano de mi padre, que también funcionaba como dormitorio, el 7 de noviembre de 2002. Mi esposo me estaba golpeando en la cama, lo que nunca hizo. Me desperté, vi al demonio verrugoso transparente sobre él y le dije: "¡Ve!" Anna y yo discernimos más tarde que los nombres de este espíritu son Lutero y desnudez. CLF aprendió que todos los nombres de demonios que comienzan con "Lu" están bajo Lucifer.

Este espíritu ha criticado mi testificación y el estilo de liberación que aprendí en CLF, comentando: "¡Es la forma en que lo haces!"

Anna dijo que Lutero está sobre un patrón familiar heredado de abuso que reside en muchas personas protestantes, familias, hogares e iglesias. Echa fuera la trinidad demoníaca, la familia o el espíritu familiar de "Lutero," tu apellido, y Put Satanachia. Lutero es un conductor de esclavos, sobre ateísmo, la desnudez, el incesto y los abusos sexuales, incluso en los campamentos bíblicos. (Vea Put Satanachia, la lista 80, Apéndice E, y vea Odio de Las Mujeres y los Niños, el capítulo, Liberación de Traumas).

Anna dijo que el guía espiritual, bajo el espíritu anti-mesías de Lutero, es un controlador y un saboteador. Tuve un divorcio, no me gradué de la universidad y recibí una discapacidad del Seguro Social en 1990.

Eric Metaxis y otros autores documentan que Martín Lutero se convirtió en antisemita tres años antes de su muerte, abogando por la quema de sinagogas y poniendo al pueblo judío en trabajos forzados. Julius Streicher, un propagandista antisemita que fue colgado en Nuremberg, amaba a Lutero, publicó sus escritos (a veces representado con la pornografía), y volvió a muchos alemanes contra los judíos.[123]

Maldiciones Sobre el Primogénito

"Por la fe celebró la pascua y la aspersión de la sangre, para que el que destruía a los primogénitos no los tocase a ellos."
(Heb. 11:28. Vea Éx. 12:13)

Algunos de los primogénitos de mi familia han muerto temprano o están discapacitados. ¿Por qué?

Porque la trinidad egipcia, la I H S, ha estado en nuestras iglesias, exhibido en cruces, vestiduras, manteles de altar y la hostia de comunión. (I H S, vea No Tener Otros Dioses).

Porque celebramos la Cuaresma, con los huevos de Pascua, el viernes Santo, y el Domingo de Pascua en lugar de la Pascua de los hebreos en la Biblia.

Porque la sangre del cordero de la Pascua no está en los postes de las puertas de nuestros corazones.

Anna dijo que el espíritu de Lutero trae una maldición sobre la niña primogénita. (Vea capítulo, Mi Historia).

Tifón trae una maldición tanto sobre el niño como sobre la niña primogénitos. Tifón funciona con Pitón que trae dolores de cabeza por migraña.

La pastora Eloyse creía que Tifón era la voz de Put Satanachia.¹²⁴ (Apéndice E).

Tifón/Merodach es un ángel de la muerte que trae la muerte de la comunicación y la intrusión. Typhon trae infecciones respiratorias y se opone al ministro de liberación.¹²⁵ Kitchen dice que Tifón es un dios masón desmembrador.¹²⁶

Si eres primogénito, echa fuera de ti estas maldiciones. Echa o proxy estos de tus hijos primogénitos.

11

Liberación de Traumas

¡Ay de aquellos que usan mal el poder! (Miqueas 2:1). Era un domingo, 11 de septiembre de 2003, un aniversario de 9-11, cuando hablé con un adolescente en la parte trasera del autobús RTD. Ella pidió perdón por sus pecados, pero todavía no estaba segura del cielo. Respondiendo a mis preguntas, dijo que su tío había estado trabajando en un hospital cerca del World Trade Center, y durante tres días, la familia no sabía si estaba vivo o muerto. Después de eché fuera a los espíritus de la conmocióne, el trauma, y el miedo, ella sabía que iría al cielo cuando muriera. Un milagro. Esta fue mi primera conciencia de que el trauma podía bloquear la seguridad de la vida eterna.

En una sesión de liberación, no cuando estoy testificando en mis caminatas por la mañana, echo fuera los traumas, comenzando con los que son heredados, los que vienen en la concepción, luego cuando un bebé, como un niño pequeño, preescolar, edad escolar, escuela secundaria y edad actual. Eche fuera todos los aspectos del incidente abusivo y pídales que perdonen a las personas que los lastimaron. En 1999, después de eché fuera muchos traumas diferentes que mi segundo esposo tuvo durante su vida, el pastor Eloyse notó que su rostro había cambiado.

Los miedos pueden ser expulsado también comenzando por aquellos que son heredados.

Eche fuera cualquiera de estos traumas que se enumeran a continuación. Añade el tuyo propio.

- Abuso; emocional, físico o verbal.
- Abuso sexual como bebé, niño, adolescente o adulto.
- Abuso, negligencia, rechazo o abandono.
- Ser obligado a guardar silencio.
- Ser una persona judía
- Ser hispano
- Abuso por parte de una persona con autoridad.
- Divorcio
- Violencia doméstica.
- Tráfico sexual o abuso ritual satánico.
- Enfermedad, discapacidad o cirugía.
- Trauma en un hospital psiquiátrico.
- Un aborto o aborto espontáneo.
- Un aborto forzado ilegalmente.
- Pobreza.
- Estar sin hogar o sin comida.
- Esclavitud. No te pagaron por tu trabajo

- Te remolcaron su auto
- Ser odiado.
- Traumas raciales.
- Estar en la cárcel, prisión, una prisión de ICE o un campo de prisioneros.
- Vivir en un campo de refugiados.
- Ser refugiado.
- Terror en tu país.
- Guerra.
- No tener una tarjeta verde.

Eche Fuera ser un Mártir

Cuando Yeshúa gobierne, no habrá persecución.

"No harán mal ni dañarán en todo mi santo monte;" (Is. 11:9)

Los judíos y aquellos que creen en Yeshúa han sido mártires por muchos milenios. Especialmente pastores y misioneros en países católicos, islámicos, hindúes, budistas y comunistas.

Eché fuera a Martura, un ángel de la muerte. ¡Salió con un eructo! (Vea Apéndice K). Eche Fuera el trauma hereditario y personal de la persecución y ser mártir.[127]

Pablo pidió conocer a Yeshúa, "y el poder de su resurrección, y la participación (fellowship, compañerismo, NKJV) de sus padecimientos." (Filip. 3:10). Expulsar para todos los creyentes; ser odiado, severamente perseguido, torturado, encarcelado, asesinado, decapitado e incluso crucificado. (Mat. 24:9-10; Apoc. 6:9-11).

"Ciertamente llevó él nuestras enfermedades, y sufrió nuestros dolores;"
(Is. 53:4a)

"Y por su llaga fuimos nosotros curados."
(Is. 53:5b)

La Profanación de las Mujeres en el Confesionario y en Consejería Privada

Dios nunca perdonaría a los hijos de Elí, que contaminaron a las mujeres en el tabernáculo. (1 Sam. 2:12, 22). (2 Cor. 6:15 RVA). Eche fuera el espíritu de Belial; tacaño, homosexual, violador y asesino. (Juec. 19:20-28, vs. 22, RVA; 1 Sam. 25:17). Taylor dijo que Belial "exige sacrificio." (Vea la lista 80, Apéndice E).

No necesitamos pasar por un sacerdote para pedir perdón de pecados. Podemos ir directamente a Dios, el Padre, a través de Yeshúa porque el velo en el templo se rasgó en dos cuando Yeshúa murió en la cruz. (Mat. 27:51).

Chick y Chiniquy dicen que el confesionario católico es de Babilonia y fue diseñado para averiguar qué estaba pasando, para controlar y chantajear a la gente.[128] [129] [130]

Chiniquy, en 1875, dijo que a los sacerdotes se les ordenó interrogar a las mujeres en el confesionario sobre las actividades sexuales. Chiniquy dijo que solo 21 de los 200 sacerdotes de los que escuchó confesiones no confesaron haber pecado con mujeres. Una mujer llamada María estaba tan traumatizada por "pecar" con dos sacerdotes que previamente había "confesado" que murió joven.[131]

Los pastores también han abusado de mujeres a las que estaban aconsejando. Mi maestra de jardín de infantes dijo que ella y otros abandonaron la iglesia luterana porque el pastor estaba pecando con las mujeres. Puedo comparar el mal uso del confesionario con el consejero del grupo de la iglesia Yokefellow y el pecado del Dr. M. contra yo, que trajo depresión y discapacidad. Seguí contando mi historia. Finalmente, en 1990, un psiquiatra validó mis preocupaciones.

Judith Herman, una psiquiatra que escribió Trauma and Recovery, habla sobre el trauma de las víctimas de incesto, la violencia doméstica e incluso los sobrevivientes del Holocausto. Ella abogó sin éxito por la expansión del diagnóstico, trastorno de estrés postraumático, TEPT, para incluir el trauma prolongado y repetido, que ella llama TEPT complejo. Ella dijo que la idolatría de los abusadores de uno es parte del TEPT Complejo.[132] (Vea Lucario, Apéndice H).

Beck cita a William Masters, quien dijo que estas relaciones de adulto a adulto son como la violación estatutaria debido al desequilibrio de poder.[133]

En el artículo de Newsweek de Beck, Gartrell dijo que los pacientes abusados sexualmente "se parecen mucho a los sobrevivientes de incest."[134]

Amenazas de Excomunicación, de la Inquisición al Abuso Sexual de Niños

Bartolomé informa que la Iglesia Católica tenía una ley de secreto que se remontaba a las Inquisiciones cuando las personas podían informar secretamente sobre una persona que estaba volviendo a las tradiciones bíblicas judías. Esta ley también amenazaba con que cualquier sacerdote (o católico) que hablara de cualquier secreto, como sacerdotes abusando de niños, sería excomulgado. Esta ley ha sido negada recientemente, pero siguen existiendo muchas barreras a la justicia para los niños.[135]

El Sínodo de la Iglesia Luterana de Missouri me excomulgó en enero de 1983 porque había comenzado a asistir a la iglesia Asamblea de Dios. Esta era la misma iglesia luterana a la que asistían el Dr. M. y su esposa. Este fue el mismo mes en que mis adolescentes se fueron a vivir con su padre.

Liberación de las Falsas Doctrinas de la Iglesia Católica

Horn dijo que se decía que el Papa Bonifacio VIII había sido uno de los hombres más malvados que jamás haya vivido. Fue acusado de sodomía después de su muerte. (Vea Apéndice B.)[136] [137]

Hace años, yo eché fuera del patrón de Bonifacio de CLF antes de asistir a un funeral católico para una mujer a quien yo había traído a una congregación mesiánica. Después de las liberaciones, sentí que podía amar más.

Yeshúa me mostró infestaciones de odio, y el espíritu de Bonifacio necesita ser liberado para que la mujer de América del Sur a quien dediqué mi libro, y todos nosotros, podamos ser libres. El odio proviene de mezclar el evangelio con la brujería.

(Odio, vea Más Maldiciones y Demonios Para Expulsar, capítulo, Liberación del Maldiciones).

Epigenética, Traumas en tu Código Genético

Ha habido matrimonios mixtos, especialmente entre las razas de color, hispano, africano e indio americano, así que me ocupo de todo estos. (Vea capítulo No Tener Otros Dioses).

Cualquier raza o familia puede tener recuerdos de trauma en su código genético. Los traumas heredados pueden estar en el ADN de uno, desde la pobreza, la esclavitud, la Inquisición, el Holocausto o la guerra. Eche fuera a Agaliarept y Sargatanas que entran con trauma. (Vea Apéndices G y E).

Pember habla del sufrimiento de los indios americanos, diciendo que sus genes y ADN llevan recuerdos de trauma, llamados Epigenética.[138]

Mandryk dice que los nativos americanos están recibiendo reparaciones por su sufrimiento. La desesperanza, la pobreza, la enfermedad, el alcoholismo, el suicidio, el abuso y el desempleo. [139]

Traumas de Afroamericanos e Inmigrantes Africanos Recientes

Tudor Bismark dijo que los afroamericanos habían heredado la maldición bastarda de los tiempos de la esclavitud, que él creía que era el mayor problema para su familia y su iglesia. Él entregó la maldición bastarda fuera de sí mismo, sus hijos y su iglesia fallida. Ahora tiene una gran iglesia en África.[140]. CLF llamó a esta maldición, Krodeus, llamándola la maldición maestra. (Vea Día de San Valentín y Fornicación, capítulo, No Tener Otros Dioses).

Muchos afroamericanos y refugiados recientes han sido abandonados o separados de sus padres y experimentan la pobreza. Mandryk documenta que los inmigrantes africanos recientes pueden haber estado en campos de refugiados donde casi murieron de hambre, y muchos sufrieron terrores por violaciones, guerras y genocidio.[141]

Traumas Infantiles

En una enseñanza sobre el trauma, aprendí sobre la "voluntad contraria", el instinto de hacer exactamente lo contrario de lo que me dicen que haga.

Algunos hacen lo que se les dice que hagan, incluso si va en contra del sentido común.

Las madres de Samuel y Moisés nos muestran un ejemplo bíblico de madres amamantando bebés, posiblemente hasta que tengan entre tres y cinco años. (1 Sam. 1:19-23, Éx. 2:1-10).

Durante al menos tres generaciones, los bebés no han sido amados. Un vecino le dijo a mi abuela que dejara llorar a mi madre cuando fuera recién nacida. Entonces su ombligo se rompió y sangraba. A mi madre le enseñaron a amamantar a sus bebés en un horario estricto de cuatro horas en una escuela de enfermería luterana de la que se graduó. Ella no levantar ni tocar a sus bebés llorando antes de que pasaran las cuatro horas. Esto interfirió con sus instintos de ser madre y vincularse con sus bebés. En la escuela de enfermería en 1981, los estudiantes debíamos decirles a las madres que si amamantaban a su bebé con más frecuencia que cada cuatro horas, no tendrían suficiente leche. A esto se le llamó la Teoría del Cambio de Enfermería. Parece que se ha utilizado después del 911 y durante el COVID-19 para que las personas renuncien a sus libertades.

Estas son enseñanzas crueles. Job habla de un avestruz que se endurece contra sus crías. (Job 39:13-17).

Otra mujer, diez años mayor que yo, dijo que su madre seguía el mismo horario estricto de alimentación. Ella y yo teníamos problemas para concentrarnos en la crianza de los hijos y nos resistíamos a las relaciones cercanas. Lucario identifica esto como soledad terminal, la segunda en su lista de síntomas emocionales del trastorno de estrés postraumático complejo. (Vea Apéndice H).

El pediatra y autor Dr. William Sears dijo que estos síntomas son típicos de aquellos cuyas madres practicaron la crianza restringida. Él dice que estos niños también estarán ansiosos, desconfiados y enojados, y la madre tendrá dificultades para enseñarle al niño verdades espirituales. Sears aboga por la crianza con apego, alimentar a su bebé cuando llora, y usar y dormir con su bebé. Indica que el apoyo del padre es vital para estas disciplinas e informa que las madres que practican estas disciplinas tienen alegría de ser madres y generalmente eligen no regresar al trabajo. Sugiere un trabajo a tiempo parcial, mejor en el hogar, si la madre necesita trabajar.[142] (Vea Apéndice Q. Depresión Posparto, y Vea Referencias).

La madre en la Biblia que durmió con su bebé en su cama y el bebé se asfixió era una prostituta. No eres una prostituta. Puede dormir con su bebé. (1 Rey. 3:16-28).

Debemos perdonarnos a nosotras mismas, enfermeras, vecinas, madres, padres, y abuelas por privar a los bebés del amor.

"Como pastor apacentará su rebaño; en su brazo llevará los corderos, y en su seno los llevará; pastoreará suavemente a las recién paridas." (Is. 40:11).

El vínculo con mi hija era débil porque fui a la escuela de enfermería durante unos meses cuando ella era un bebé. Yo estaba más unida a mi hijo. Pero cuando él y su hermana se mudaron a casa de su padre, mi hija tomó su tocador, pero yo me quedé con la cómoda de mi hijo. Ella me dijo que era un desafío para él. El a menudo tenía que limpiar su habitación y la de sus hermanastros porque su ropa estaba esparcida. Le pregunté a Yeshúa qué espíritu me hizo quedarme con la cómoda de mi hijo. La respuesta fue: "Lutero. Lutero odia a los muchachos y los niños." (Vea Lutero, capítulo, Liberación de Maldiciones).

Los niños pueden experimentar otros traumas: divorcio, abuso infantil, abuso sexual infantil, negligencia, abandono, aislamiento, inanición, mutilación genital femenina, pornografía, falta de vivienda, tráfico sexual, guerra, muerte de un padre o hermano y tiroteos escolares.

Estos pueden traer enfermedad mental, enfermedad física, anorexia, uso de drogas ilegales, alcoholismo, confusión de identidad sexual y muerte prematura.

En una entrevista de radio de KOA del 9 de diciembre de 2019, el Dr. Richard Krugman y Lori

Poland, de END Child Abuse and Neglect (FIN del abuso y la negligencia infantile) enumeraron cinco resultados de abuso infantil de la investigación de los CDC y Kaiser ACES. Depresión, abuso de alcohol y sustancias, trastornos alimentarios, enfermedades cardíacas y cáncer.

No dejes que los medios sean una niñera. El niño es insensible al pecado al ver la homosexualidad, el sexo, la violencia y la brujería en las computadoras, la televisión o sus teléfonos. Incluso los programas cristianos para niños pueden tener brujería oculta. Irene Park dice que los títeres, utilizados en muchos programas, son brujería. (Títeres, vea Preocupación por las Maldiciones, capítulo, Sepa que Tienes Vida Eterna).

Odio a las Mujeres y los Niños

La pastora Eloyse sabía que Put Satanachia y Nebiros son principados por encima de la homosexualidad y el odio a las mujeres. No se puede separar a las mujeres de sus hijos. Por lo tanto, estos también son por encima de odio a los niños. Creo que también están en oposición al evangelio. (Ver Apéndice F).

Yeshúa, sabía que las mujeres y los niños serían abusados.

"Pero Jesús, vuelto hacia ellas, les dijo: Hijas de Jerusalén, no lloréis por mí, sino llorad por vosotras mismas y por vuestros hijos."

(Luc. 23:28)

El pastor Eloyse, examinó el libro de Susan Forward, *Men Who Hate Women and Women Who Love Them.* (Hombres que odian a las mujeres y las mujeres que las aman). Ella dijo que estos comportamientos contra las mujeres están bajo el principado de Nebiros.[143]

Forward, hablando de parejas a las que aconsejó, dijo que los hombres misóginos, en una relación a largo plazo, hacen todo lo posible para destruir a la mujer que profesan amar profundamente.[144]

Resultados del Abuso Sexual Infantil

Recibí discapacidad en 1990 por depresión y trastorno de estrés postraumático. Yo veo a un psiquiatra anualmente. Tengo problemas para recibir regalos. Me molesta cuando mi esposo trae tantos comestibles a casa que apenas puedo conseguir toda la comida congelada en el congelador. Me pellizco y me limo las uñas y las cutículas. Debido a que aprieto los dientes por la noche, uso un protector de mordida económico. Soy alérgico a los lácteos y al gluten. Tengo enfermedad degenerativa del disco en mi columna vertebral pero poco dolor. Mi médico de artritis dijo que estoy en el uno por ciento de las personas que se han curado de la fibromialgia. Doy gracias a la liberación.

Las relaciones cercanas son difíciles para mí. Sólo conozco unos pocos nombres de personas en la iglesia. Tiendo a querer cuidar a las personas e ignorar mis misma necesidades. El ayuno puede ser difícil debido al horario estricto de alimentación cuando era un bebé. Una enfermera me explicó que era porque ya estaba estresada. Ayuno algunas mañanas y antes de dar estudios bíblicos. El ayuno es importante para que la gente sea liberada. (Mar. 9:29)

Los sobrevivientes de traumatismos necesitan sueño regular, nutrición, reducción del estrés y atención para estar seguros. Muchos tienen enfermedades físicas, diabetes, dolor, insomnio y algunos tienen sobrepeso.

Algunos pueden estar desorientados en cuanto a tiempo, persona, lugar o cosa. Desorientados en cuanto a persona; muchos están lejos de sus familias. La identidad de uno es frágil. Algunos creen erróneamente que fueron adoptados. Las sectas pueden traer alejamiento de la familia. La irrealidad puede estar presente. Algunos son suicidas.

Muchas personas con discapacidad por enfermedad mental tienen una o más maldiciones de orden secreta; bautismo infantil, masonería, Scouts o militar. Viven en hogares de ancianos, hogares de vida asistida, con familias, solo en sus apartamentos, o puede ser sin hogar.

Resultados del Abuso Sexual de Muchochos

Stewart dijo que él y su familia negaban el abuso sexual de él y su hermano por parte de su líder de Boy Scouts. No pudo lidiar con eso hasta que tuvo cuarenta años y todavía tenía pesadillas.[145]

Hegstrom habla de su fracaso en su intento de contarle a su madre sobre el abuso sexual por parte de un maestro. Como informa Judith Herman, su historia expone la violencia que puede ocurrir en las relaciones íntimas después de haber sido abusada cuando era niña. Superó la ira abusiva contra su esposa y sus mujeres, se volvió a casar con su esposa, volvió a criar a sus hijos y fundó una organización que rehabilita a hombres abusivos. Una hija dirige Life Skills International.[146] [147]

Esquizofrenia, TEPT y CPTSD

Rich Buhler había recibido 40.000 llamadas telefónicas y tenía 5.000 invitados en su programa de radio nacional. Se dio cuenta de que detrás del letargo, la depresión y la ira, están los victimización físicos y emocional, y abuso sexual. Esta victimización puede haber sido documentada pero ignorada por los consejeros.[148]

Buhler escribe que el Dr. Mohan Nair, un psiquiatra infantil, creía que la mayoría de los problemas de salud mental de los adultos, incluso el diagnóstico de esquizofrenia, son el resultado del abuso infantil.[149] [150]

Yvonne Kitchen, en el capítulo Mental Illness and Schizophrenia (Enfermedad mental y esquizofrenia) de su libro, *Freemasonry Death in the Family* (Masonería La muerte en la familia) dice que la esquizofrenia está vinculada a la masonería.

Mark Hemans y otros ministros de liberación han liberado a la gente de los demonios de la esquizofrenia. (Vea Put Satanachia, el 80-lista, Apéndice E. Hemans, vea Referencias).

El trastorno de estrés postraumático (TEPT), como se describe en la ICD 11, puede desarrollarse después de la exposición a un evento extremadamente amenazante u horrible o una serie de eventos.[151]

El trastorno de estrés postraumático complejo (TEPT complejo) en la CIE 11, se describe como un trastorno que puede desarrollarse después de la exposición a un evento o serie de eventos de naturaleza extremadamente amenazante u horrible, más comúnmente eventos prolongados o repetitivos de los cuales escapar es difícil o imposible.[152] (CPTSD, TEPT complejo, Vea Apéndice H).

12

Cómo Hablo con las Personas que Necesitan al Salvador

En mis caminatas matutinas, una mujer adventista del séptimo día que conocí tres veces ella dijo que no siempre puede convencer a las personas de que se arrepientan de sus pecados, por lo que les pide que digan "sí" a Jesús.

Una mujer católica de Eritrea que conocí en la lavandería dijo "sí" a "Yesu" y su sangre para lavar sus pecados.

Una mujer católica que no estaba segura de ir al cielo dijo sí a la sangre de Jesús para lavar sus pecados.

Hablo con una persona a la vez. Escribo el nombre de la persona con la que estoy hablando en un pedazo de papel que llevo en mi riñonera. Cuando hago las preguntas, escribo las respuestas y transfiero la respuesta a una carta de oración que envío a varias personas. No importa cuál sea la respuesta, por lo general paso a la siguiente pregunta.

Para saber si yo estaba hablando con una persona judía, solía preguntarle si podía decirle el nombre del Salvador en hebreo.

- Quiero que estés seguro de que irás al cielo cuando mueras. ¿Puedo hablarle de eso? Algunas personas dirán: "Hoy no" o "Estoy bien", porque no quieren hablar conmigo. Otros me han dicho que no creen en Jesús y practican ciertos tipos de brujería.
- Si dicen "sí", pregunto, ¿qué hizo el Salvador hace 2000 años para que puedas ir al cielo? Muchas personas saben que Yeshúa murió por nuestros pecados en la cruz, ¡pero muchas de estas personas no están seguras de ir al cielo!
- ¿Crees que hay un cielo y un infierno?
- ¿A dónde crees que irán tu alma y tu espíritu cuando mueras?
- Si dicen "al cielo", les preguntaré por qué creen que irán al cielo.
- Si dicen algo acerca de creer en Yeshúa, (Jesucristo o Yesu, su nombre para el Salvador), sé que están seguros de ir al cielo. Otra buena respuesta fue de un hombre católico de cerca de Juárez que dijo que iría al cielo porque se había arrepentido de sus pecados.

Dos personas que van a buenas iglesias, y otros, han dicho que van al infierno. Algunas de esas personas no aceptarán al Salvador ni a la liberación. Estas personas necesitan ser liberadas de las maldiciones que trajeron condenación (como viene con los abortos). (Vea Apéndice D). El único pecado imperdonable es la blasfemia contra el Espíritu Santo. (Marc. 3:28-29).

Si ellos o sus padres han tenido el bautismo infantil o por aspersión (o la inmersión mormona), generalmente dicen que esperan ir al cielo, o "depende". Este es un ejemplo de la Iglesia Católica enseñando erróneamente que uno nunca puede estar seguro de la vida eterna. Además, las maldiciones que entran con el bautismo por aspersión de bebés u otras personas bloquean la seguridad de la vida eterna.

Un médico dijo que esperaba no ir al purgatorio.

Podrían decir que van al cielo porque son buenos. Les digo que Yeshúa quiere que seamos buenos.

Él dijo: *"Si me amáis, guardad mis mandamientos."* (Juan 14:15).

Algunos pueden decir que van al cielo porque creen en Dios. Dios es tres en uno, padre, hijo y Espíritu Santo. Deben referirse a Dios el Hijo, Yeshua, Jesús, quien murió por nuestros pecados.

Un hombre del medio oriente sólo dijo que Dios le dijo que iría al cielo.

Les Pediré que Acepten al Salvador

Les preguntaré a ellos si quieren decir "sí" al Salvador y a su sangre para lavar sus pecados.

Si dicen "sí", les pregunto qué nombre quieren usar para el Salvador, explicando que muchos de los que creen en él le devuelven su nombre hebreo, Yeshua, porque nació en Belén.

¿Quieren usar la oración corta o la oración larga de los Diez Mandamientos?

Es mejor usar la oración de los Diez Mandamientos cuando se le pide a la gente que se arrepienta de sus pecados porque los primeros mandamientos prohíben tener, hacer, inclinarse y servir a otros dioses. (Éx. 20:1-60). Después de leer los dos primeros mandamientos, preguntaré: "¿Qué dioses has adorado? ¿En qué iglesias han estado tú y tu familia?"

Les pregunto si quieren decir "no" a esa idolatría y pedir perdón. Si no lo hacen, puede ser contraproducente continuar.

Las idolatrías a las que algunas personas no han podido renunciar, aparte del bautismo infantil y la oración a María, son la música rock, la masonería de grado 33, una organización de por vida de la Orden de la Flecha, yoga, asistir a la mezquita, Hare Krishna y dioses hindúes. Por ejemplo, una mujer no podía separarse del Buda que su abuela le regaló.

Puede imprimir mi oración de los Diez Mandamientos. Llevarlos en una funda de celofán preservará la página. Es más fácil de llevar "La Mejor Historia", que resume los Diez Mandamientos.[153]

Los Diez Mandamientos Oración Éxodo 20:1-17

Perdóname por hacer ídolos en mi corazón. (Ez 14:1-11).

Perdóname por mis pecados. Yo perdono a los que han pecado contra mí. (Mat. 6:12).

1. Perdóname por rechazarte como Padre, Hijo y Espíritu Santo.

2. Perdóname por tener, hacer, inclinarme y servir imágenes o la semejanza de cualquier cosa que hayas creado en los cielos, en la tierra o en el mar. Perdóname por hacer ídolos en mi corazón. (Ez. 14:1-11).

3. Perdóname por tomar tu nombre en vano (blasfemia o maldición). (Use el nombre Yeshúa.)

4. Perdóname por no recordar tu día de reposo y santificarlo.

5. Perdóname por no honrar a mi padre, madre, y autoridades. (1 Tim. 2:2). (Les pido que perdonen a sus padres si fueron abandonados, descuidados o abusados por ellos).

6. *"No matarás."* (Éx. 20:13; Mat. 5:21-22, 1 Jn. 3:15). Perdóname por el odio, aferrarme a mi ira, insultarme y asesinar. Perdóname por usar el aborto, un método anticonceptivo que puede haber matado a los bebés, la vasectomía o la ligadura de trompas.

7. *"No cometerás adulterio."* Perdóname por el adulterio, la fornicación, la lujuria, los pecados sexuales, y por mirar pornografía y desnudez. (Éx. 20:14; Mat. 5:27-28; Gál. 5:19).

8. Perdóname por hurtarás y no dar diez por ciento a Dios. (Mal. 3:8-10).

9. Perdóname por ser un testigo falso o mentir sobre lo mío vecino, amigo o familiar.

10. Perdóname por codiciar o querer lo que pertenece a otras personas.

Pídales que se arrepientan de cualquier otro pecado en silencio. El pastor Eloyse dijo que echen fuera el espíritu de pecado y pidan a las personas que hagan una pausa y reciban su perdón.

• Recibo la sangre de Yeshúa para lavar mis pecados y limpiarme. (Sal. 51:2; 1 Ped. 1:17-19).

• Espíritu Santo, entra en mi espíritu.

• "Porque Juan ciertamente bautizó con agua, mas vosotros seréis bautizados con el Espíritu Santo dentro de no muchos días." (Hech. 1:5. Ver Jn. 6:63).

• Dame el valor de vivir y testificar por ti. *"No temas en nada lo que vas a padecer. ... Sé fiel hasta la muerte, y yo te daré una la corona de la vida."* (Apoc. 2:10).

La Oración Más Corta de Mateo 22:36-39

En el Nombre de Yeshúa, perdona mis pecados contra el Padre, el Hijo y el Espíritu Santo. Perdóname por mis pecados contra mi prójimo, contra mí mismo y contra mi familia. (Ver Levítico 19:17-18).

La Salvación y la Liberación son Necesarias si las Personas no están Seguras de ir al Cielo

Si dicen que esperan ir al cielo o no dicen que van porque Jesucristo murió por sus pecados, les pregunto acerca de algunas esclavitudes serias. ¿Fueron ellos o sus padres bautizados por aspersión, o asistieron a Semana Santa u otras ceremonias de brujería? ¿Alguien en la familia estaba en el Scouts, la masonería? ¿Están ellos casados? ¿Han estado durmiendo con su prometida? ¿Tienen falta de perdón o han sido traumatizados? (Vea capítulo Liberaciones Como Yo Testifico).

13

Liberaciones Como Yo Testifico

Liberación del Bautismo Infantil y la Confirmación

Una persona es más apta para entender la necesidad de renunciar al bautismo infantil si leo los versículos acerca de ser redimido por la sangre del Mesías. (1 Pedro 1:18-19). Uno debe creer antes de la inmersión. El bautismo bíblico es inmersión. (Marc. 16:16a, Mat. 3:16).

Pregunto, ¿quieres decir "sí" a la sangre de Yeshúa y "no" a la maldiciónes que vino del bautismo infantil? (Luciferina, Isis y Krodeus).

Primero verbalizo la oración, pidiéndoles que escuchen. Luego les pido que repitan la oración de liberación, frase por frase, conmigo.

Le diré a la persona que diga: "Ve, en el nombre de Yeshúa". Le expliqué que si comían algo de comida en mal estado, podrían vomitar. Debido a que la liberación es espiritual, pueden bostezar, toser o eructar a medida que el espíritu sale. Diré: "Ve, sal de (su primer nombre) en el nombre de Yeshúa".

¿Quieren decir "no" a ser un sacrificio debido a la cruz dibujada en su frente y pecho?

¿Quieren decir "no" a rezar a María, realmente a Isis? Algunas personas renunciarán a su bautismo infantil, pero no renunciarán a orar a María.

Por lo general, les digo que se han convertido en ciudadanos del Vaticano en la confirmación.[154] ¿Quiere echa fuera esto y elegir ser ciudadano del cielo? (Dan. 12:1; Luc. 10:20).

Fornicación

La fornicación es tener relaciones sexuales antes del matrimonio, que es una razón importante, aparte del bautismo infantil, por la cual las personas con la que hablo no están seguras de ir al cielo. A las jóvenes mujeres les disgusta mucho que les digan esto.

"Porque sabéis esto, que ningún fornicario, o inmundo, o avaro, que es idólatra, tiene herencia en el reino de Cristo y de Dios."

(Efes. 5:5).

Un hombre oró y todavía no estaba seguro del cielo. Iba a una buena iglesia pero dormía con su prometida. Yo dije que esto es fornicación; Debe arrepentirse. Lo mejor es que la pareja se separe por un tiempo, reciba asesoramiento matrimonial y luego se case. Eche fuera Krodeus. (Efes. 5:3).

(Vea Día de San Valentín y Fornicación, capítulo, No Tener Otros Dioses)

Abandono Por Parte del Padre

David dijo: *"Tú eres el amparo del huérfano."* (Sal. 10:1b)

Por lo general, pregunto si el padre de alguien estaba allí para ellos. Si no, echa fuera el trauma del abandono por parte del padre. Anímelos a perdonar y a tomar al padre Dios como su padre. A veces las madres están ausentes. Echa fuera este trauma, y la maldición de Moloc. Esta maldición es la última palabra en el Antiguo Testamento. (Mal. 4:5-6).

Los niños son como las fresas. Si los ignoras, se pudrirán.

La Falta de Perdón

Yeshúa me dijo a mí y a nosotros que nuestros pecados no serán perdonados si no perdonamos. (Mat. 6:12, 14-15).

Anna creía que lo primero que hay que dar a conocer en una sesión de consejería es la falta de perdón porque trae enfermedades. Pregunta: "¿Quién te ha lastimado?" Ella dijo que es difícil para ellos reconocer a quién han lastimado.[155]

Le pregunté a una mujer en el tren si estaba enojada con alguien. Dijo que mucha gente la había lastimado. Eché fuera el trauma del abuso. Echa fuera a los espíritus demoníacos, Baal, Reoseles y Fleurety, sobre la falta de perdón. Utilizo La Lista de Liberación para Espíritus Familiares si tengo problemas para perdonar a una persona. (Vea #4 Fleurety, Apéndice E. Vea Apéndice G).

No creas que el perdón es todo lo que una persona necesita, para ser sanada de los traumas. ¡La gente necesita liberación! Yeshúa sanó y liberó a las mujeres que lo siguieron, incluyendo a María Magdalena. (Luc. 8:1-3).

Trauma

Muchas personas sin hogar o con discapacidad reconocen que fueron abusadas o molestadas cuando eran niñas. Echa fuera este trauma. Es bueno si tienes tiempo con ellos para ministrar esta liberación. Si la persona es afroamericana, echo fuera el trauma heredado de la esclavitud y la maldición bastarda, Krodeus, de todos estos. De lo contrario, es posible que no estén seguros de ir al cielo.

Practicando Varios Pecados

Aborto

Las mujeres me cuentan en privado sobre estos traumas. Pero le pregunté a una mujer desequilibrada que había cruzado la calle, escapando de una casa de prostitución, si había tenido un aborto, mientras pasábamos por la oración de los Diez Mandamientos. Su proxeneta llegó y estaba enojado conmigo. (Vea Apéndice D).

Las Maldiciones Traen Adicción a las Drogas, el Alcohol, los Pecados Sexuales y los Medios de Comunicación

Por lo general, le pregunto a la gente si practican alguno de estos ahora o si lo hicieron en el pasado. Si lo son o lo hicieron en el pasado, necesitan arrepentimiento, salvación y liberación. Si lo hacen en el presente, también deben detener estas prácticas. Drogas y alcohol. Pecados sexuales, pornografía en teléfonos celulares u otros medios, juegos de computadora, mala televisión y películas, o música rock. Jugando a las cartas.

Entrega maldiciones de Luciferina y Krodeus, las órdenes secretas y los traumas detrás de estas adicciones. Echa fuera los espíritus que tomaste del pecado; la idolatría de la persona o la sustancia, los espíritus familiares, lo que dijo tu ídolo o cantó, el nombre de la droga o bebida alcohólica, y lo que experimentó o hizo mientras la usaba. Eche fuere la Lista de Liberación para Espíritus Familiares, Apéndice G.

Una persona cree que va al infierno; otro no está seguro de ir al cielo. Ambos culparon a sus pecados cuando eran alcohólicos hace 20-30 años. (Gál. 5:21; Efes. 5:18).

El uso de vino y bebidas fuertes por parte de los sacerdotes en el templo está prohibido. Somos reyes y sacerdotes del Nuevo Testamento. (Lev. 10:9; Apoc. 1:6a). Debemos ser llenos del Espíritu Santo, no borrachos de alcohol. (Efes. 5:18a). El jugo de uva debe usarse para "la copa" con el pan, no con el vino. Mantenga el alcohol fuera de su casa. Vi a un niño con algo del vino usado para la "copa" en el sábado. Lo llevó a su habitación y se lo bebió. Expulsar el espíritu de Baco, (Bacchus).

La persona que quiere liberación tendrá que confiar en consejeros experimentados, tal vez centros de rehabilitación. Sin embargo, Yeshúa trae liberación milagrosa. Las adicciones a diversas sustancias, incluso los medicamentos recetados por un médico, podrían hacer que una persona tome la marca de la bestia e ir al infierno. Pero no deje de tomar sus medicamentos ni aliente a una persona en tratamiento médico o psiquiátrico a dejar de tomar sus medicamentos a menos que reciba confirmación de una curación. Si tienen una enfermedad mental grave, podrían requerir hospitalización. Eche fuera los efectos secundarios de estos medicamentos, que es cómo "Satanás viene a recolectar". (La marca de la bestia, vea Prólogo).

Cuanta más liberación recibas, menos dependerás de las drogas, el alcohol y los medicamentos. Intenta liberarte ahora para que subas en el Rapto.

14

Cómo Proteger a una Persona para que no se Aleje de la Salvación y la Liberación

La persona involucrada debe tener comunión con los creyentes, continuar recibiendo liberación y leer la Biblia diariamente para permanecer libre. (Luc. 11:14-26). Las personas con abusos graves o brujería en el pasado son propensas a elegir la religión equivocada. Se les debe enseñar a expulsar sus propios demonios. Asistí a CLF durante 19 años, diezmé y desgasté una Biblia que leía en el autobús hacia y desde el trabajo. David Bryan, aboga tanto por la liberación como por el discipulado. (Vea Instrucciones Concernientes a las Liberaciones. Vea Referencias).

Ministré liberación a una mujer en 2004, pero ella no siguió recibiendo más liberación, la cual el pastor Eloyse dijo que necesitaba. Once a quince años después, tres veces, los demonios volvieron a atacarla, y finalmente a mí. En junio de 2022, Yeshua me dijo que cancelara las mentiras que se habían dicho sobre mí. Inmediatamente, ella arrepintió de lo que había dicho. También renunció a una religión falsa y regresó al estudio de la Biblia, aceptando liberaciones.

Muchas personas van a la iglesia pero no leen la Biblia. Ellos necesita ser liberado del odio heredado hacia Dios. Una mujer que ha quedado traumatizada dijo que no entiende la Biblia. Algunos no pueden sentir que el espíritu santo les habla cuando leen la Biblia.

En 1 de enero de 2011, empecé a leer el Nuevo Testamento con mi esposo en una Biblia dividida en 365 lecturas. (Efes. 5:25-27). Agregué otras dos personas. Uno vino a mi casa y el otro estaba hablando por teléfono. Nos pusimos nuestra armadura de Efesios 6 y ministré liberación de temores e imaginaciones. Hago un llamado para que se envíen ángeles para protegernos a nosotros y a los que amamos. Otra mujer está leyendo con estos dos y agregó otros dos. Agregué un miembro de la familia, y otras que no leen a diario. (2 Cor. 1:1-5).

Mientras leo la Biblia, reemplazo a Jesús con Yeshúa y a Cristo con el Mesías o HaMashiach. La versión Reina-Valera 1960 es superior porque la Nueva Versión Internacional (NVI) tiene notas al pie para cuestionar versículos importantes como Marcos 16: 9-20. Muchas otras nuevas versiones de la Biblia omiten palabras importantes, incluso versículos. La NVI omite: "Me ha enviado a sanar a los quebrantados de corazón; (Lucas 4:18).

Llévelos a la iglesia y al estudio bíblico y ore para que reciban el Espíritu Santo con la evidencia de hablar en lenguas. (Hechos 2:4, 10:44-46, 19:6). Si les resulta difícil hablar en lenguas, se necesita la liberación del mieado y el falso Espíritu Santo (Vea La lista 80).

Conclusión

¿Reconocerás al Mesías? Isaías le Describe.

> "*El pueblo que andaba en tinieblas vio gran luz; los que moraban en tierra de sombra de muerte, luz resplandeció sobre ellos. Porque un niño nos es nacido, hijo nos es dado, y el principado sobre su hombro; y se llamará su nombre Admirable, Consejero, Dios Fuerte, Padre Eterno, Príncipe de Paz. Lo dilatado de su imperio y la paz no tendrán límite, sobre el trono de David y sobre su reino, disponiéndolo y confirmándolo en juicio y en justicia desde ahora y para siempre. El celo de Jehová de los ejércitos hará esto.*"
> (Is. 9:2, 6-7).

Tradiciones

La serpiente en el jardín pregunta: "*¿Conque Dios os ha dicho: No comáis de todo árbol del huerto?*" (Gén. 3:1).

La serpiente Pitón nos engañó. Hemos comido lo prohibido fruta. Ni siquiera hemos considerado

Conclusión

los Diez Mandamientos. Nosotros hemos cambiado la ley de Dios para adaptarla a las tradiciones de nuestras familias, iglesias y países. Como dijo Park, "defendemos el pecado." (Rom. 1:32)

Muchos de nuestros "engaños fijos", falsas doctrinas, provienen de maldiciones heredadas. ¡Estos pueden hacer que nos perdamos el rapto o, peor aún, engañarnos, para tomar la Marca de la Bestia e ir al Infierno!

Desde la cruz, *"Jesús decía: Padre, perdónalos, porque no saben lo que hacen."* (Lucas 23:34a).

Liberarse

Comience por echa fuera las maldiciones de Krodius y Molech. Luego, echa fuera a las ataduras católicas y de otro tipo.

Descanso desde la puesta del sol del viernes hasta la puesta del sol del sábado. Obtenga un calendario hebreo y aprenda los días de las fiestas bíblicas. Deseche todas las decoraciones de los fiestas paganas. Tenga cuidado con la estrella de 6 puntas.

Encuentre una iglesia o ministerio que eche fuera demonios. Puede ser en Internet o YouTube.

Remite los pecados de tu familia. Así es como empecé. Mi padre y mi nieta están en el cielo porque perdoné sus pecados (Juan 20:23a) y también hice caminatas de oración y guerra espiritual.

Perdonad y echad fuera los pecados heredados y presentes de vuestras familias. Luego agregue la guerra espiritual y la caminata de oración, con sabiduría, tal vez temprano en la mañana alrededor de las casas de tu familia y tu iglesia. Yeshua le mostrará dónde.

Para la guerra espiritual y la caminata de oración, use porciones de la Biblia como Gálatas 5:15-26 y Romanos 1:18-32. Usa mis Apéndices.

Ten Cuidado a Quien Ayudas

Debo tener cuidado a quién ministre. Los cristianos necesitan arrepentirse y vivir vidas santas. No hay seguridad eterna. Si le dicen "sí" al Salvador pero continúan en pecados, recibirán más torturas en el infierno, porque Satanás odia a los cristianos. (Vea Baker, capítulo, Remisión de los Pecados).

Si una persona que viene por liberación tiene ídolos en su corazón, debo confrontarlos, porque estos ídolos pueden transferirse a mí. (Ezeq. 14:1-11). Estos ídolos pueden ser pecado, o símbolos. Es posible que no sepan que está mal.

Ser Proactivo

Use mis cuatro preguntas para ver si la gente está segura de ir al cielo. Pregúntele a su familia, a su pastor, a la gente de su iglesia, a los maestros de sus hijos, a todos, a dónde irán cuando mueran. Pregunte si su iglesia cree en el Espíritu Santo, la liberación, la guerra espiritual y el hablar en lenguas. (2 Tim. 3:5). Aprender si las mujeres son honradas y se les da permiso para enseñar.

Chad estaba remodelando un condominio aquí. Cuando le pregunté a dónde iba cuando muriera, gritó, "¡al cielo!" Debido a su respuesta, yo quería saber a qué iglesia iba. Dijo que era católico pero ahora era luterano. Le pregunté, "¿Por qué estás seguro de que irás al cielo?" Él dijo, "¡Jesús me salvó en la cárcel!"

¿Quién irá? ¿Quién ministrará a las masas, los enfermos mentales, los discapacitados del desarrollo y las personas sin hogar? (Lucas 14:12-14). Serás testigo dondequiera que vayas.

El apóstol Pablo le dijo a Timoteo:

"Porque no nos ha dado Dios espíritu de cobardía, sino de poder, de amor y de dominio propio. Por tanto, no te avergüences de dar testimonio de nuestro Señor, ni de mí, preso suyo, sino participa de las aflicciones por el evangelio según el poder de Dios, quien nos salvó y llamó con llamamiento santo, no conforme a nuestras obras, sino según el propósito suyo y la gracia que nos fue dada en Cristo Jesús antes de los tiempos de los siglos."

(2 Tim. 1:7-9)

Sé Fuerte y Haz Actuará. Dan. 11:32b.

Un YouTube de seis minutos de Norman Parish habla de la Guerra Espiritual de Nivel Estratégico contra el catolicismo romano en Guatemala. Ahora hay más cristianos en Guatemala que en otros países hispanos.

"Mas el pueblo que conoce a su Dios se esforzará y actuará."

(Daniel 11:32b)

En 1996, mi esposo y yo nos mudamos a un condominio en Denver. La guerra espiritual y Yeshua serían necesarios allí.

Amo a Yeshúa. Pregunté sobre mi liberación incompleta en CLF. La respuesta:

"Pero tenemos este tesoro en vasos de barro, para que la excelencia del poder sea de Dios, y no de nosotros."

(2 Cor. 4:7)

En 2015 y 2017, la hija del pastor Eloyse me dio archivos de liberación para usar en la liberación. Que bendición.

Estos se volvieron valiosos para mi propia liberación y para guerra espiritual.

La liberación de los traumas y las órdenes secretas bajo las que sufrí te han traído este libro. (Génesis 50:20)

"Y ellos le han vencido por medio de la sangre del Cordero y de la palabra del testimonio de ellos, y menospreciaron (no amaba) sus vidas hasta la muerte."

(Apoc. 12:10b, 11)

Apéndices

A. Liberación del Bautismo Infantil y de la Orden de la Flecha.

Anna Paraseah. 14 de marzo de 2006.

Arrepentíos de vuestros pecados y eche fuera esto. Eche fuera Krodeus.

Ana registró que muchos demonios entran con la maldición de Luciferina en el bautismo infantil. Hay un bloqueo para conocer a Dios.[156]

El resultado del bautismo infantil es la victimización.

La persona es atraída a otra forma de brujería, como la Orden de la Flecha de los Boy Scouts.

Scouts, Cubs, Boy y Girl Scouts traen odio (incluso contra Dios) y lujuria. (Éxodo 20:5).

(El dios del sol Osiris y Baphomet entran con órdenes de brujería como la Orden de la Flecha trayendo más victimización).

Hay violación. Sigue la evitación demoníaca de la intimidad. El abuso hace que los jóvenes tengan miedo de las personas.

Cualquier trauma trae falta de perdón. La falta de perdón trae enfermedades.[157] El principado de Fleurety hace que una persona rechace el amor. (Vea Apéndice E).

(Belcebú, el falso padre, provoca pedofilia y inmundicia). Hace que la persona se sienta desmoralizada y sin felicidad.

La negatividad resulta bajo el dios (sol) Baal.

El dios, Merodach/Typhon, trae la muerte de la comunicación y la entra sin derecho.

Apolión y Abadón, dos ángeles de la muerte, entran. (Apocalipsis 9:11).

Eche fuera la trinidad bajo Satanás; Belcebú, Astaroth, y Put Satanachia. (Juan 10:10).

Eche fuera a los espíritus de la Estrella del Este. (Espíritus de la Francmasonería Femenina, Girl Scouts o Girl Guides, Guías, que traen lujuria.). (Vea Apéndice J).

Todo se remonta a la idolatría. Una persona debe tener algo que adorar. Lucifer trae la demanda de perfección en uno mismo. (Isaías 14:13-14). Eche fuera la idolatría y la imagen de ti mismo como perfecto.

Eche fuera la demanda de perfección que vino cuando los jovenes fueron confirmado en la iglesia, y como compensación por la vergüenza del abuso sexual.

El Orden de la Flecha

Además de la liberación de Anna, hay cuatro espíritus para expulsar si usted o un miembro de su familia fue iniciado en esta Orden de la Flecha. Order of the Arrow Handbook, de los Boy Scouts of America, 1991.

1. El Poderoso Jefe (del fuego), Allowat Sakima. Servicio. "El día del (duro) trabajo."
2. El curandero, Meteu. Hermandad. "Nos recuerda que debemos amarnos unos a otros." "Silencio."
3. La Guardia del Círculo, Nitiket. "Alegría. Prueba de alimentos escasos."
4. El Guía, Kichkinet. "Ayudar y amabilidad." "Pasa la noche solo." (En el bosque).

Esta iniciación en la brujería trae lo contrario de lo que afirma el Manual de la Orden de la Flecha. Eche fuera la muerte espiritual, el terror, la conmoción y el trauma, chamanismo, hechicería la victimización, la discapacidad, el odio, la lujuria y la depresión.

(2. El curandero, vea, ¿Puede un cristiano tener un demonio? y Un Médium, en Capítulo, Enseñanza Sobre la Liberación Real).

Echa fuera los malos espíritus del Señor Baden Powell, fundador de los Boy Scouts y el Dr. E Urner Goodman, fundador de la Orden de la Flecha.

B. Patrón de Liberación de Bonifacio.[158]

Puedes beneficiarte de esta liberación, como yo lo hice, incluso si nunca ha sido católico.

Arrepentíos de vuestros pecados y eche fuera esto.

Liberación de las Falsas Doctrinas de la Iglesia Católica titulada "Bonifacio."

El espíritu de Bonifacio trae doctrinas falsa y el error a la Iglesia Católica.

El espíritu de Lutero trae doctrinas falsa a la iglesia protestante. (Vea capítulo, Liberación de Maldiciones)

Bonifacio es un espíritu bajo Lucifer y Ashteroth.

Bonifacio = cara brillante.

"Muchos (demonios) trabajan debajo de mí".

Una falsa doctrina de la iglesia anula la autoridad de la familia, de madres y padres, sobre sus hijos.

La Falsa Doctrina de María, la Madre de Dios

"Dios el Padre se casó con María a través de la inmaculada concepción."

Ella se convirtió en la madre de Dios.

La asunción como Reina del cielo.

Ella se convirtió en la autoridad sobre el padre.

El Rosario

Predicando María

Oraciones a María

Fiestas de María

Falso espíritu de oración. El espíritu guía es Demetrio. Pertenencia falsa

Falsa seguridad

Falso adoración

Idolatría de:

Perlas, Estatutos, Tarjetas sagradas, Velas, incienso.

Santuarios al aire libre (casas de iglesia).

Anillos sacerdotales, Túnicas, Túnicas vírgenes (de hombres).

Santos, Medallones, Una tarjeta de bendición (dedicatoria).

Aguas benditas, Bendiciónes con agua bendita.

La Falsa Doctrina del Bautismo Infantil

(Vea capitula, No Tener Otros Dioses)

Falsa Doctrina de la Pureza, una Doctrina del Legalismo

Toda la iglesia enfatiza la pureza. Los católicos deben ser puros.

María es pura y no tiene hijos. (Ver Mat. 1:24-25). José es puro porque nunca tocó sexualmente a María. José es un santo.

La santidad se debe a la pureza. "Él es tan santo".

Comer pescado el viernes para ser puro.

Falsa pureza.

Cada práctica católica se centra en esta doctrina, incluso la Biblia.

Tenemos nuestra propia Biblia porque todas las demás Biblias están equivocadas. Tenemos "imprimatur" - este libro es sin error.

Tenemos "nihilobstat". No hay nada malo. Nihilobstat.

La Doctrina de Sólo María

María es más pura que el Padre porque "no hay Padre". Los católicos deben ser puros como María.

La creencia en la Trinidad es una ficha, un encubrimiento. No hay otra iglesia.

Pedro es la roca sobre la cual está construida la iglesia. (Vea Juan 1:42).

La creencia de que el apóstol Pedro dejó a su esposa. (Vea Mat. 8:14).

En Marcos 10:29, 30, muchos de las versiones omite "haya dejado ... mujer."

Los sacerdotes católicos generalmente no tienen esposas.

Este es un programa para hacer que los creyentes busquen obtener una posición tan alta como María, más alta que el Padre, para usar el cuerpo de Cristo para usurpar la autoridad del Padre.

La Falsa Doctrina de la Asunción de María.

María era pura. Ella ascendió al cielo.

La Falsa Doctrina de los Apóstoles

Sólo hay 12 apóstoles. No puede haber más. (Vea 1 Cor. 15:5-9).

Falsa Doctrina del Martirio

María sacrificó su vida. No tuvo hijos.

Un falso sacrificio de vida.

El martirio es el bien supremo. Dios espera que nos sacrifiquemos nuestra vida en la muerte.

Conviértete en santo siendo un mártir.

El objetivo más alto de un católico es convertirse en un mártir. (Vea Rom. 12:1; 1 Ped. 1:18-19).

Sacerdotes y Reyes

Sólo hay unos pocos sacerdotes. Solo hay unos pocos reyes.

Cada parroquia tiene un sacerdote. Usted debe pertenecer a una parroquia para recibir doctrina.

No hay doctrina en ninguna parte, excepto "tenemos todo órdenes."

Sacristía

Las túnicas, las capas, son para ocultar la verdad, para cubrir los ojos, los oídos, la mente y el cerebro. (Vea 2 Rey. 10:22).

Odio a las Mujeres

Los hombres tienen superioridad sobre las mujeres

Las mujeres no pueden enseñar porque "odiamos a las mujeres". Crean situaciones imposibles.

Las Buenas Cualidades de las Mujeres

Las mujeres son fuertes, mansas y tienen fuerza y carácter. Son demasiado leales y fieles. No se comprometerán.

La Misa Ritual

Un falso sacrificio.

A través del ritual, la misa hace que los creyentes adoren a la creación más que al creador. Esto trae una mente reprobada. (Rom. 1:25, 28).

El vino y la oblea. Adoración del cuerpo de Jesús, no de Jesús. Transubstanciación.

El Espíritu del Papa

Universalismo. La falsa doctrina de la Iglesia Universal.

La iglesia romana gobernará sobre toda la iglesia, porque todos aceptarán la "verdadera" Iglesia y darán lealtad a la iglesia en Roma.

Esta doctrina proviene de la iglesia romana. Es la doctrina teológica que todas las almas eventualmente encontrarán la salvación en la gracia de Dios. Todos los católicos romanos estarán en el cielo.

Humanismo

El estudio de las humanidades surgió del estudio de la literatura y la cultura clásica griega y latina durante la Edad Media. Fue uno de los factores dados al surgimiento del Renacimiento. Énfasis en los intereses humanos. Un enfoque en la vida propia. La religión es un encubrimiento de la vida-propia.

C. Más Liberaciones para los Judíos Sefardíes, Otros Judíos y Creyentes

Mientras escribo esto, recibo: "No estoy aquí. No me voy a ir."

La persecución comenzó poco después de que Yeshúa regresó al cielo, comenzando con Esteban. (Hechos 7:54-60). El trauma hereditario en su ADN, la epigenética, puede extenderse desde las Inquisiciones en Europa o en el Nuevo Mundo, trauma en un país comunista o islámico, hasta la persecución actual que se aceleró durante los cierres de COVID-19. (Vea Eche Fuera Ser un Mártir, capítulo, Liberación de Traumas).

Echa fuera los nombres de los Papas.

Descarta todas las estrellas de seis puntas y echa fuera estas dos trinidades. (Vea Estrella de Seis Puntas, capítulo, Símbolos y Emblemas que Traen Maldiciones).

Eche fuera Bastit, un espíritu sobre la incredulidad judía. CLF supo que un espíritu llamado Bastit vino con el pueblo judío de Egipto y permaneció en la tierra prometida porque los cananeos no fueron desalojados. Echa fuera la ceguera espiritual que rechaza el evangelio. (Rom. 11:8, 10, 25).

Eche fuera:
Una religión Santos y adoración de santos.
Santería. Brujería africana, cubana, y latinoamericana. [159]
Santa Muerte. (La diosa de la muerte).
Santo Niño de Cebú- Un día de fiesta para el Niño Jesús.
Vea el YouTube de John Ramírez, que expone la brujería y las creencias católicas.[160]
Anna dijo que los dioses y diosas griegos y romanos también podrían ser echa fuera.
Echad fuera los espíritus indios. (Vea capítulo, No Tenéis Otros Dioses). Apéndices L, M.
Eche fuera Liberación Homosexual Milagrosa. Apéndice F.,
Eche fuera los espíritus de los jesuitas. Apéndice I.

D. Liberación del Aborto, Control de la Natalidad y Otras Prácticas no Bíblicas

¡Hace cien años, las mujeres asfixiaban a su recién nacido no deseado, ponían al bebé en una caja de zapatos y lo dejaban caer en la letrina de pozo! Una mujer mayor con quince hermanos dijo que escuchó a un vecino criticar a su madre por tener muchos hijos. Su madre dijo que no era como algunas mujeres que vio llevando una caja de zapatos a la letrina.

Cuando Park enseñó en un campamento de verano, ella discernió que yo tenía tres bebés en el cielo.

Usé la píldora anticonceptiva y el DIU cuando estaba saliendo y casada con mi primer esposo.[161] [162]

Cuando expulsé esto, usando el patrón de abajo, Yeshua me mostró que fui un habilitador. Le el permití tener sexo por placer sin la responsabilidad de tener un bebé que mantener.

Las vasectomías y las ligaduras de trompas no matan a los bebés, pero Dios los odia. (Gén. 1:28).

Eche fuera a los espíritus de molech, el sacrificio de niños, y la muerte en el útero después de usar anticonceptivos, abortos, o una bebida abortiva. Una mujer dijo que la obligaron a beber algo dos veces que provocó el aborto de dos bebés.

Expulsar la maldición de la brujería del aborto y el uso del control de la natalidad en las generaciones pasadas. Evite que pase a hijos y nietos.

Eche fuera la muerte espiritual, Apéndice K.

Echa fuera los dioses druidas. (Vea la Adoración de los Dioses Masonería. Capítulo, No Tener Otros Dioses).

Echa fuera los dioses de la trinidad satánica. (Vea la Estrella de Seis Puntas, capítulo, Símbolos y Emblemas que Traen Maldiciones).

Las mujeres con enfermedades mentales y sin hogar y otras personas han sido traumatizadas por abortos, abortos espontáneos que a menudo siguen a los abortos y pérdida de sus hijos. Estas mujeres pueden luchar contra los terrores, el insomnio, el dolor físico y comer en exceso. Animar a la mujer a arrepentirse. En sesiones de liberación en grupos privados o de confianza, eche fuera el trauma y los pecados del aborto y los métodos anticonceptivos.

En Reconocimientos, dije que el ministerio de Mark Heman se parece mucho al ministerio de Yeshúa. El Espíritu Santo mostró al ayudante de oración grupal al final de la reunión en línea de Heman el 18 de marzo de 2022, que la pérdida de mi nieto "fue una injusticia". Mi futura nuera se sometió a una cirugía para extirparle el intestino grueso en septiembre de 1997. Al día siguiente, su bebé nació muerto. El 18 de marzo, 2022, fue diez años y un día después de que mi nieta muriera en un accidente automovilístico. Yeshúa vino a sanar nuestros corazones rotos. (Lucas 4:18).

Liberación y Sanidad Para Una Mujer que Tuvo un Aborto.[163]

Eche fuera todo esto con compasión.

La mujer a la que estaba destinado esto obtuvo estas liberaciones 18 años después.

La Pastora Eloyse dijo para obtener los recuerdos, ponga las manos en la mente de la mujer. Pierde los recuerdos.

Revive la experiencia emocional.

(Permita lágrimas, y eche fuera todas las cosas negativas que recuerda).

Echa fuera la culpa, la vergüenza y la vergüenza.

Eche fuera el trauma del aborto y lo que ella pasó; Ella nunca olvidará (pero puede ser curada).

Eche fuera:

1. Culpa constante. (Ex. 20:13, Lev.20:1-5, 1 Jn 1:9)

2. Condenación.

3. Ser condenado (damnation) es la última etapa. Ella puede tener miedo de ir al infierno. (Hay muchos otros miedos).

Obtenga el nombre del padre. Echa fuera el espíritu del padre del bebé. Use la Lista de Liberación para Espíritus familiares. (Apéndice G).

(Eche fuera el trauma de la violación, si fue una violación).

(Echa fuera a los demonios que entraron, incluyendo al ángel de la muerte, Moloc sobre el sacrificio de niños. Vea Apéndice K.)

Dígale a la madre que cuando los demonios se han ido, se sentirá aliviada de que:

1. El bebé fue al cielo.

2. Los ángeles entrenaron al bebé.

3. Ella se encontrará con su bebé de nuevo.

Nombrar al bebé es una forma positiva de sanar.

Otras Prácticas no Bíblicas

No firme un documento de "testamento vital" o un documento de "cinco deseos". Mejor es el Derecho Nacional a la Vida "Voluntad de Vivir", una directiva anticipada en la que enumera a las personas que tomarán sus decisiones médicas si usted no puede hacerlo. (Vea Referencias para descargar un "Will to Live." (Testamento de Vivir).

Los hospicios usan morfina que induce un coma y una muerte más temprana.

La cremación es una práctica hindú y también es incorrecta porque nuestros huesos se elevarán en el rapto cuando suene la trompeta. Los ataúdes sellados no permiten que el cuerpo se seque. (Vea Las Fiestas de Otoño. Capítulo, Las Fiestas y Sábados Bíblicos. Hindú, vea La adoración de los dioses masonería. Capítulo, No Tener Otros Dioses).

E. La 80-lista, Ocho Principados

Terry Taylor, un sacerdote satánico, presentó esta lista de ochenta demonios al Tattler para la edición especial de primavera de 1974 sobre el exorcismo. Él creía que Satanás era real y que estos espíritus podían apoderarse del cuerpo humano. Esta es una buena lista para la liberación y la guerra espiritual.

Taylor enumera nueve espíritus superiores, descripciones de sus posiciones y obras, y 72 demonios infernales principales con breves descripciones de sus obras.[164] El texto de Taylor está entre comillas. He agregado más, incluso de CLF y la Biblia.

La pastora Eloyse discernió que #2 al #9 son los principados en Efesios 6:12. En 2008, al darse cuenta de que no estaba completamente entregado, me ordenó que echar fuera a los ocho espíritus superiores. Ella dijo que estos son sobre un "*corazón duro*". (Zac. 7:12; Marc. 16:14). (2 Cor. 4:7).

Seis demonios en la 80-lista están en la Biblia. Satanás, Belcebú, Astarot, Baal (Jer. 19:5), Balam (Balaam, Apoc. 2:14) y Belial. (Ver Liberación de Maldiciones capítulo),

#1. "Satanás, que sirve como emperador del Gran Grimorio". (Luc. 10:18; Juan 10:10).

#2 "Belcebú, (o Belcebuth), su príncipe."

El gobernante de los demonios. (Mateo 12:24). El hombre fuerte. (Lucas 11:21). Un espíritu inmundo. (Lucas 11:24, ver también Lucas 11:15-19; 2 Reyes 1:2). Belcebú es un "padre falso," sobre la locura, las enfermedades, los virus, las bacterias y el hedor. Una forma en que Belcebú entra es con el abuso sexual.[165]. Beelzebub y Put Satanachia traen aislamiento y separación. Yvonne Kitchen tiene un capítulo "Separación, Divorcio." Anna enumeró a Bastit e Ichabod (1 Sam.4:21) sobre la reprimida soledad. (Vea Apéndice H, soledad terminal).

#3. "Astaroth, el Gran Duque". (Ashtoreth, Ashtaroth). (1 Reyes 11:5 NVI).

#4. "Put Satanachia (P u t. La letra U suena como la U en último) sirve como comandante enjefe bajo Satanás y tiene el poder de someter a todas las esposas y madres a sus deseos, de hacer conellos lo que él quiera. Él proporciona familiares para los mortales y tiene todo el conocimiento de los planetas, el pasado y el futuro."

"Someter a esposas y madres" hace que los niños no puedan amar a sus madres, e incluso pueden abusar de ellas. Además, cuando un hombre se casa y su esposa se convierte en madre, puede abusar o abandonarla a ella y a los niños.

Este autor cree que otro nombre para Put Satanachia es Baphomet. Dos autores ocultistas llaman a Baphomet el cuerpo del Espíritu Santo.[166] o el cuerpo del Espíritu Santo.[167] Baphomet, mitad cabra y la otra mitad transexual, tanto hombre como mujer, es popular entre los homosexuales y en la brujería.

Kitchen dice que Baphomet es un dios masón sobre "seducción, lujuria, y inmundicia". Ella identifica maldiciones de cáncer en 18 partes del cuerpo debido a los juramentos de la masonería.[168] Los pecados sexuales, Put Satanachia, Agaliarept, Krodeus, Belcebú, y Python, Pitón traen cáncer. Los tumores provenían de mezclar religiones, poniendo el Arca de Dios en el templo de Dagón. (1 Sam. 5:1-12).

El tercer nombre para Put Satanachia es Shiva, de la trinidad hindú.[169]

Anna documenta, Put Satanachia es el falso Espíritu Santo. Él trae doctrinas falsas y espíritus familiares o guías, está sobre las computadoras, odio a Dios, odio a sí mismo, tormento, tortura, suicidio, locura, esquizofrenia paranoide, anorexia, autodestrucción y más. Algunas formas en que entra son por verdadera culpa verdadera a través de pecados sexuales pasados y la culpa heredada. Anna dijo que la mayoría de las familias tienen Put Satanachia.[170]

Put Satanachia se sienta en la voluntad de una persona, que es parte del alma, para que no podamos hacer lo que queremos hacer. (Gál. 5:17). Un hombre no le diría que sí al Salvador hasta que yo le enseñara acerca de usar su voluntad. Usas tu voluntad para levantarte por la mañana. Use tu voluntad y elige decir sí a Yeshúa.

#5, Agaliarept, el Comandante de Satanás, controla Europa y Asia Menor. Él tiene el poder de controlar el pasado y el futuro y crea animosidad entre los hombres para crear enemigos".

Agaliarept es un mentiroso y proviene del miedo, la adoración oculta heredada o personal, y el trauma sexual o el pecado.[171] Trae odio y paranoia.

6, "Fleurety, el teniente general de Beelzebuth, controla África y realiza malos tratos contra los hombres por la noche. Controla un gran ejército de malvados familiares, sabe acerca de hierbas venenosas y alucinantes, controla y causa guerras mundiales, y pone la lujuria en la mente del hombre." Baal, Reoseles y Fleurety traen falta de perdon. Agaliarept, Fleurety, Titro y Pan traen insomnia.

#7. "Sargatanas, el mayor de brigada de Astaroth, hace que los mortales pierdan la memoria y los transporta a otras partes del mundo. Observa lo que sucede en casas privadas, entra en los pensamientos secretos de todas las personas y controla muchos grandes ejércitos de espíritus".

Sargatanas, Lethe, Alexis, Isis, Osiris, Job, Polythemus, y Ramses traen depresión.[172] Cyclops y Zireck trae la depresión bipolar. Zireck tiene hostilidad y entra debido a un corazón roto.[173]

Un niño dijo que Zurg (Zireck) vino de la película "Toy Story 2". Echa fuera estos espíritus de los jóvenes que juegan videojuegos como "Game Boy" y Xbox, disparando a soldados de aspecto real. Ore para que sean liberados de las maldiciones heredadas, el rechazo y la falta de perdón para sus padres.

#8. "Nebiros, el mariscal de campo de Astaroth, controla América del Norte, puede infligir el mal a quien quiera, controla el poder pasado por la Mano de la Gloria y vuelve a todos los animales viciosos por sus medios." Anna dijo que la mano de la gloria es la mano del asesinato.

Nebiros trae conocimiento de la cabeza, como un catecismo, y la masonería, especialmente el grado trigésimo tercero del Santuario de la masonería. Hay una soga alrededor del cuello. Nebiros trae el nihilismo, la rebeldía y la anarquía.[174] (Vea Odio a las Mujeres y los Niños, capítulo Liberación de Traumas, y Apéndices F y J).

9 Lucifuge Roficale, el primer ministro, está a cargo de toda la riqueza y riqueza, inflige invisibili-

dad, causa terremotos, destruye deidades religiosas, inflige enfermedades y defectos físicos.

Este principado viene con abusos, trae pobreza, ataca a los que ministran el evangelio y, como los zombis, trae miedo de dar y recibir amor.[175]

Lucifuge Roficale trae siete mecanismos de defensa demoníacos contra el amor. Rencor, odio, antagonismo, irritabilidad, irascibilidad, lucha y peleas. Zúrich y Baal también traen un espíritu de lucha.

72 demonios infernales mayores (en orden de importancia):

Baal imparte invisibilidad.

Agares causa terremotos.

Vassago, el vidente, declara cosas pasadas, presentes y futuras. Gamygyn controla las almas en pecado.

Marbas causa enfermedades.

Valefor influye en el robo.

Amón y Barbatos, ambos videntes.

Paimon, somete a los hombres a su voluntad.

Buer controla venenos y drogas.

Gusion, un vidente.

Sytry produce desnudos.

Beleth, una entidad viciosa, controla la lujuria.

Lerajie causa la guerra.

Eligor causa guerra y lujuria.

Zepar vuelve locas a las mujeres. Botis, un vidente.

Bathin controla los venenos y la desaparición de hombres y ciudades.

Saleos controla la lujuria.

Purson, un vidente.

Morax gobierna venenos y drogas herbales.

Ipos crea falso coraje.

Aini es responsable de la destrucción por fuego.

Naberio, profesor de ciencias y astrología.

Glasyalabolas, influye en todos los homicidios e incita

derramamiento de sangre.

Bune cambia los lugares de entierro de los muertos.

Bonobe habla en diferentes lenguas.

Berith, un vidente.

Astaroth aconseja y dirige a los ángeles caídos.

Forneus tuerce la verdad mediante el uso de diferentes lenguas. Foras controla venenos, drogas herbales e inflige invisibilidad al hombre.

Asmoday guarda los tesoros escondidos.

Gaap transporta a los hombres de un lugar a otro.

Furfur controla truenos, relámpagos y vientos fuertes.

Marcosias, un demonio fuerte y fiel ayudante del exorcista que puede conjurar.

Solas (o Stolas) controla el conocimiento de la astronomía. Phoenix habla en parábolas.

Halpas gobierna la destrucción a través del fuego y la guerra.

Malpas destruye los pensamientos y deseos del hombre.

Raum es un vidente preocupado por el robo.

Focalor tiene el poder de destruir a un exorcista durante el proceso de un exorcismo.

Sabnack descompone y atormenta el cuerpo del hombre.

Vepar inflige gusanos.

Shax destruye la vista y el oído.

Vine derriba las barreras de la gran muralla y crea mares tormentosos.

Bifrons cambia los lugares de entierro de los cadáveres y enciende velas en sus tumbas.

Vual controla la lujuria.

Hagenti convierte el vino en agua.

Procel controla temperaturas extremas de calor y frío en todas las aguas.

Furcas sirve como guerrero y maestro.

Balam hace que los hombres se vuelvan invisibles.

Allocen es un guerrero.

Caim, un vidente.

Murmur controla las almas de los muertos.

Orobas defiende al exorcista de cualquier espíritu.

Gomory controla la lujuria.

Ose puede cambiar a cualquier mortal en cualquier forma que quiera sin que la persona sea cambiada consciente de ello.

Amy, una comerciante de otras bebidas espirituosas.

Orias transforma a los hombres y da títulos.

Vapula, profesor de ciencias.

Zagan cambia la sangre de los mortales en aceite y luego el aceite en agua.

Valac entregará serpientes por orden.

Andras mata al hombre a voluntad.

Flauros matará y mutilará.

Andrealphus cambia a los hombres en pájaros.

Cimeries, una guerrera.

Amduscias hace que los árboles sean arrancados de raíz, aplastando a los hombres.

Belial exige sacrificios.

Decarabia produce aves como familiares.

Seere acelera o ralentiza el tiempo.

Dantalian cambia los buenos pensamientos del hombre a voluntad.

Andromalius causa desorden entre los ladrones.

F. El Milagro de Liberación Homosexual.[176]

Estaba cansada de sentirme distante de mi esposo, así que el 21 de junio de 2020, expulsé los espíritus de Satanás, Lucifer y los tres principados, todos en la Lista de Liberación Homosexual y aquellos en la segunda lista que había hecho. Estos son espíritus sin amor e implacables. (Rom. 1:31). Después de eso, encontré una gran diferencia en nuestra relación. Repito esta lista periódicamente y la uso en la guerra espiritual.

La pastora Eloyse dijo que estos demonios por la homosexualidad también podrían ser combatidos usando su lista de "Demonios de la Lujuria Sexual."[177] (Vea Apéndice N). Ella identificó siete de los principados y seis demonios más de la 80-lista como demonios de lujuria sexual. Baal y Astaroth, Isis y Osiris, Python, Pitón y Pythoness fueron listados entre los ocho primeros. Ella enumeró los seis en la estrella de seis puntas como demonios de la lujuria sexual. Park también culpó a esta estrella. (Ver Símbolos y Emblemas que Traen Maldiciones).

La lujuria sexual es realmente odio. Yeshua dijo que debemos expulsar estos demonios de lujuria de niños y adultos que han sido violados.

La pastora Eloyse dijo que el espíritus perversoes y la homosexualidad entran a través de la adoración de ídolos, perversiones heredadas, voyeurismo, desnudez, privación de amor, negligencia, abandono cuando era niño, diferentes abusos y más.[178]. Los espíritus numerados son principados de la 80-lista, Apéndice E. La pastora Eloyse también incluyó Romanos 1:18-32. Echa fuera estos pecados y sus consecuencias junto con las dos listas a continuación.

Apéndices

#1 Espíritu de Satanás. Sin arrepentimiento por el pecado. Maldad.

Espíritu de Lucifer, la imagen de la perfección, la irrealidad y la negación.

#9 Lucifuge Roficale, la persona abusada. El velo sobre el mente (que distorsiona la realidad).

#8 Nebiros, intercambios de espíritus, redes y codependencia.

4 Put Satanachia, mente reprobada, odiado de dios y esquizofrenia paranoide.

Satanás y Lucifer están bajo Pythón, Pitón, que trae transferencia satánica. (Vea Estrella de Seis Puntas, capítulo Símbolos y Emblemas que Traen Maldiciones y capítulo Enseñanza Sobre la Liberación Real).

Liberaciones Añadidas por el Autor

Échalos fuera.

Eche fuera el espíritu de pedofilia.

Eche fuera haber sido abusado sexualmente a cualquier edad o abusar sexualmente de personas de cualquier edad.

Irene Park, en *The Homosexual and the Perverse Spirit,* dijo que se pueden colocar tres tipos de diseños en los niños, provocando rasgos del sexo opuesto. "El espíritu perverso es enviado como un agente del espíritu de adivinación para obrar un designio (maldición)".

Un diseño de los padres. Antes de que naciera el niño, los padres querían un hijo de un género diferente al que Dios les había dado. (O el médico se equivocó).

Un diseño físico. Alguien de cualquier edad es tocado o violado de manera inapropiada. Esto puede provocar que sean prostitutas, homosexuales o bisexuales.

Un diseño psíquico. Una persona es violada en la fantasía, nunca tocada, sin que la persona sepa que el diseño ha sido trabajado. Creo que los diseños psíquicos están entrando en los niños durante las horas de cuentos de drag queen en las bibliotecas y por maestros homosexuales y lesbianas.

No se asocie ni exponga a sus hijos a personas malvadas. Eche fuera de maldiciones personales y ancestrales. Cada dia ore para que los ángeles los protejan. Cúbrelos espiritualmente con la sangre de Yeshua. Guíelos para que se pongan la armadura de Efesios 6:10-18.

Yo creo que la entrada de estos espíritus es también a través de órdenes secretas, bautismo infantil, brujería, incluso los dioses hindúes. Estos espíritus pueden ser ocultos, secretos u obvios.

Osiris, Baal & Put S., #4, 80-list, son los principales abusadores.[179]

Isis protege secretos.[180]

Osiris. Hombres emocionalmente muertos. Incesto.[181]

Python, Pitón (miedo, imaginación) y Pythoness (prostitución), Sexual Lust Demons, vea [181].

Sargatanas, #7, 80-lista. Profana el espíritu a través del abuso sexual. Hay violaciones sexuales dentro o fuera del lecho matrimonial.[182]

La maldición maestra de Krodeus viene con todos los abusos sexuales y pecados sexuales.

Si uno de los miembros de la pareja se está masturbando o ha sufrido abuso sexual, puede haber un riesgo de sexualidad dañada dentro del matrimonio.

"Sytry procura la desnudez". La 80-lista.

"Belial exige sacrificio." La 80-lista. (Vea La Profanación de Mujeres, capítulo Liberación de Traumas).

Eche fuera los nombres de las tribus indias en su familia o en su estado. Todo el Movimiento Scout se basa en las costumbres indias. Muchos Scouts han sido abusados sexualmente.

Ashteroth, #3. La 80-lista, trabaja con Baal y Moloc. (Ver Abuso Ritual Satánico, capítulo No Tener Otros Dioses).

Zireck (Zurg). Auto-destrucción, depresión. (Vea Sargatanas, 80-lista).

Lee el Salmos 139 si crees mentiras sobre tu identidad.

Marimacho. Bisexuales, Transexuales. Travestí. Transgénero.

¡Carrico conecta el árbol de Navidad con la transexualidad! "FOJC radio-David Carrico -Christmas & Easter Satanic Holidays- Why I Do Not Celebrate Christ- Mass." (Navidad y Semana Santa Fiestas Satánicas- Por qué no celebro la Misa de Cristo.") El video ya no está disponible. (Vea https://www.fojcradio.com/)

Hércules, uno Anti-Mesías. Actúa duro para estar seguro.[183]

El sexo oral conlleva un riesgo de herpes labial.[184] Tengo una cicatriz permanente por herpes labial; Una mujer tuvo cáncer en la garganta por sexo oral y murió.

El libro, *It Could Have Been Me.* (Podría Haber Sido Yo), por Jasmine Townsend.[185]

G. La Lista de Liberación Para Espíritus Familiares[186]

Esta es una lista milagrosa que utilicé por primera vez porque tenía miedo cuando mi hermano me envió una carta. En la parte superior de la lista, introduce el nombre de una persona a la que no puedes perdonar, a quien has adorado, a quien tienes miedo o quien ha abusado de usted. Revisa la lista, primero echa fuera tus propias faltas relacionadas con la persona. Haz una segunda copia, expulsando los espíritus de la otra persona que han venido sobre ti. Esto puede traer recuerdos que has reprimido. Si cree que esta persona abusó de su hijo o hija, eche fuera los espíritus.

En julio de 2022, esto es lo que Yeshúa me dijo. Yo estaba expulsando los espíritus del Dr. M. y del líder Yokefellow. Debido al trauma, el odio y el miedo son los más importantes para expulsar. El odio trae miedo. El odio y el miedo al sexo opuesto traen lujuria.

"El perfecto amor echa fuera el temor;"
(1 Juan 4:18).

Cuando hayas terminado esta lista, ve a la 80-lista y echa fuera a Agaliarept y Sargatanas, que provienen de un trauma. Entonces eche fuera a Pitón, las dos trinidades de Satanás y Lucifer. (Ver La Estrella de Seis Puntas, capítulo, Símbols y Emblemas que Traen Maldiciones).

He encontrado esta lista en el archivo Siren. Recuerda atar espíritus, incluyendo Satanás, Sirena y Leviatán; El orgulloso monstruo marino de corazón duro. (Job 41). Echa fuera estos espíritus, todos bajo Satanás.

- El Espíritu de (nombre de la persona).
- Engaño de
- Distorsión de
- Delirio de
- Control por voz de
- Poder de control de
- Rechazo de

- Resentimiento de
- Falsa confianza en
- Amargura de
- Odio de
- Rebelión de
- Romper todos los compromisos con
- Rompe todas las maldiciones, maleficios, hechizos y predicciones de
- Falta de perdón de
- Allanamiento de
- Traición de
- La (falsa) culpa de no estar a la altura de sus expectativas.
- Siendo esclavizado a
- Hipocresía a
- Miedo de
- Terror de
- No puede soportar mirarlo a los ojos.
- No soporta escuchar su voz.
- No puede soportar estar en su presencia.
- Reacción a
- Violencia a
- Asesinato de
- Difamación de
- Crítica de
- Respondiendo bruscamente a
- Calumnia de

- Intolerancia a
- Servidumbre a los compromisos
- Inadecuación espiritual

Este autor agregó lo siguiente:

- Los temores de abusadores específicos pueden generar desconfianza del Ministro de Liberación. (Ver #9 80-lista).
- El Espíritu de la Sirena es una sirena que atrae a los marineros a la destrucción. Esta sirena es la mujer desnuda en la taza de Starbucks. Sirenas desnudas estaban en una carroza en El Carnaval (el Martí Gras mexicano).
- Siren y Pythoness son espíritus prostitutos. Usa Ezequiel 23 para la liberación.
- La sirena trae una muerte en vida.[187]

H. TEPT Complejo, Lucario

Lucario describe 12 síntomas físicos o emocionales del TEPT complejo que la preocupaban, incluido el dolor físico. Este sitio web tiene muchas salas de chat.

1. Miedo profundo a la confianza
2. Soledad terminal
3. Regulación de las emociones
4. Flashbacks emocionales
5. Hipervigilancia sobre las personas
6. Pérdida de fe en las personas, el mundo, la religión y uno mismo

7. Niño interior profundamente herido
8. Indefensión y vergüenza tóxica. (Is. 61:7)
9. Búsqueda repetida de un rescatador
10. Disociación
11. Tristeza persistente y ser suicida
12. Armadura muscular (que trae dolor)[188]

I. Más Sobre los Jesuitas

Las historias de persecución extrema de creyentes en China y Corea, similares a las Inquisiciones de Roma, me han hecho preguntarme, ¿comenzó la Iglesia Católica el comunismo? Chick publicó la historia de Alberto Rivera en forma de folleto en *los volúmenes 12 a 17 del Cruzado*.

Chiniquy advirtió a Lincoln del inminente asesinato debido a las mentiras de que Lincoln había sido católico. Chiniquy documenta que los jesuitas asesinaron a Lincoln, luego escribieron su biografía para destruir su reputación y testimonio cristiano.[189] [190]

En "*Jesuitas,*" Chick explica que Ignacio de Loyola comenzó los Alumbrados, que se convirtieron en los Illuminati. Luego comenzó los jesuitas. Chick informa que los jesuitas comenzaron el comunismo moderno. Inician guerras y asesinan a presidentes y dictadores. Un jesuita ayudó a Hitler a escribir Mein Kampf. Querían Jerusalén para el Papa Blanco, así que comenzaron el Islam. El Papa Negro es el supremo General de los jesuitas.[191] [192]

En "*La Fuerza,*" Chick y Alberto explican que los jesuitas han traído los ejercicios espirituales de Loyola y las ciencias del comportamiento al Movimiento Carismático y a las iglesias que creen en la Biblia para destruirlos. Pero esta no es razón para rechazar el don de lenguas o evitar las iglesias que creen en la Biblia. (Marc. 16:17). Pero si esta es su iglesia, camine alrededor de ella en guerra espiritual.

Chick escribió que los jesuitas habían engendrado abominaciones espirituales: la masonería, los testigos de Jehová, el mormonismo, la unidad, la ciencia cristiana y otros. También trabajan encubiertos en cuerpos religiosos recién formados y sociedades secretas.[193] (Vea Dioses hindúes, La Adoración de los Dioses Masonería. Capítulo, No Tener Otros Dioses).

También se dice que Loyola comenzó el Nuevo Orden Mundial. Treinta y cinco grupos se enumeran bajo y con los Alumbrados y los Illuminati, incluidos los jesuitas, el Opus Dei, las Naciones Unidas, el Consejo de Relaciones Exteriores, la Comisión Trilateral, la masonería, el club bohemio, el Bilderbergers, y la Cruz Roja, la versión moderna de los Caballeros Hospitalarios, los fundadores de los hospitales del mundo.[194]

Antes de que la pastora Eloyse muriera en 2010, había un arrepentimiento por unirse a la denominación Foursquare en 1990, porque el Foursquare Distrito Gateway no había apoyado el ministerio de liberación de la pastora Eloyse y porque la tierra pertenecería a Foursquare después de su muerte. También existía la preocupación de que Aimee Semple McPherson, la fundadora de la iglesia Foursquare, había muerto a la edad de 53 años de una sobredosis de pastillas para dormir; Esta pequeña mujer mantenía un horario abrumador, celebrando reuniones todas las noches.[195]

Debido a estas preocupaciones, yo creía que la Iglesia Católica podría haber comenzado la iglesia Foursquare. Nury Rivera, la viuda del ex sacerdote jesuita Alberto Rivera, estuvo de acuerdo. Nury Rivera dijo que esto pondría a los jesuitas en posiciones alto en la Iglesia Foursquare, como lo están en muchas iglesias.

Yeshúa puede superar estas ataduras de los cimientos. Le encantan las iglesias Foursquare de refugiados, como la del sureste de Denver.

Muchas iglesias con creencias de "Reino Ahora" creen que Yeshúa ya ha establecido su reino y está gobernando. Esta enseñanza católica impide que las iglesias enseñen sobre el rapto. Otras señales preocupantes en algunas iglesias es que no tienen llamados al altar, liberación, o guerra espiritual y pocos de sus miembros leen la Biblia o testifican. (2 Tim. 3:5).

Por las órdenes secretas, las religiones y doctrinas falsas y la maldad perpetrada por la iglesia católica y los jesuitas, creo que son en gran parte responsables de que muchas personas vayan al infierno. Cuando Howard Pittman fue al cielo el 3 de agosto de 1979, aprendió que el 97,5% de las personas que mueren van al infierno. Solo el 2,5% habría subido en el rapto si la trompeta hubiera sonado ese día. Howard Pittman enseñó en Lake Hamilton Bible Camp y su historia también está en YouTube.

J. Tener Miedo de Hablar

Isis y las otras diosas que entran con el bautismo infantil y la masonería son habilitadoras y están guardianes de secretos. Las madres y los padres pueden no ser capaces de proteger a sus hijos, pueden abusar de ellos o vincularse con o hacerse amigos de una persona que lo hace. Eche fuera a estos espíritus de diosas si tuviste bautismo infantil o por aspersión, si alguien fuera en la masonería, y especialmente si tú o tus antepasados estaban en las Girl Scouts o en cualquier rama femenina de la masonería. (Vea Diosas Entrar con el Bautismo Infantil, capítulo, No Tener Otro Dios).

Después de que mi nieta murió en un accidente automovilístico, llamé a la ex esposa de mi primo, quien perdió a su hija adolescente en un accidente automovilístico. Ella sintió que las muchachas de nuestra familia tener miedo de hablar. A veces los muchachos tener miedo de hablar. Una mujer que conocí en Boston en 2012 creía que yo era autista. Ella me dirigió a una prueba de Aspie en línea, que mostró que yo era mitad autista y mitad no.[196]

Renuncia a Isis, un demonio heredado, que es uno de los veinte de autismo y enfermedad mental, según la pastora Eloyse. Eche fuera los cinco principados de el autismo; Belcebú, Ashtaroth, Put Satanachia, Agaliarept, y Lucifuge Roficale.[197] [198] (Vea Apéndice E).

En su capítulo, "Autismo y otras dificultades de aprendiendo", Kitchen dice que renuncie a la maldición de ser tratado como un animal.[199]

Los padres están comprando chaquetas con capucha y sombreros para niños con orejas de animales. Los dulces, cereales y vitaminas para niños vienen en las formas de animales. Los niños estaban vestidos como animales o llevaban máscaras de animales como actuaron el arca de Noé. Irene Park dijo que los animales de peluche llevan espíritus de demonios. Muchos juguetes para niños tienen temas demoníacos.

Los rangos de Cub Scouts son León, Gato Bob, Tigre, Lobo, Oso y Webelos, que son todos animales inmundos. (Lev. 11:1-8).

Renuncia y eche fuera espíritus de estos animales, habiendo sido llamados nombres de animales o creyendo en la evolución y la reencarnación.

"Pero Dios le da un cuerpo como Él quiso, y a cada semilla su propio cuerpo. No toda carne es la misma carne, sino que una es la de los hombres, otra la[a]

de las bestias, otra la de las aves y otra la de los peces." (1 Cor. 15:38-39)

Yeshúa reprendió al espíritu sordo y mudo. (Marc. 9:25). (Vea Apéndice C).

Es más fácil para mí cantar y orar en el espíritu que en inglés. (1 Cor. 14:15). Renunciar y eche fuera al autismo espiritual, dificultad para leer la Biblia y orar.

Compré algunos libros sobre emociones para mis hijos cuando eran pequeños. Pero he encontrado "David y yo hablamos con Dios Series," basado en la Biblia. (Vea Referencias).

Mujeres en el Ministerio

Aunque Foursquare no apoyó el ministerio de liberación de la pastora Eloyse, es necesario en estos tiempos finales. Muchos espíritus religiosos silencian a las mujeres.

Brawner (y Whetstone) dijo: 1 Corintios 14:34-35 se usa mal para evitar que las mujeres proclamen el evangelio. Las mujeres en el tiempo del apóstol Pablo estaban pidiendo a sus esposos durante el servicio que explicaran lo que el orador estaba diciendo. Una mejor traducción es: "Que vuestras esposas se callen, porque no les está permitido balbucear y hablar en un tono bajo en la iglesia; Están perturbando tanto al orador como a los oyentes. No le pida explicaciones a sus esposos durante el servicio; Espera hasta que llegues a casa."[200] (Vea Rinck, Cunningham y Whetstone, Referencias).

En 1 Corintios 11:10, Pablo dijo que un hombre necesita tener la cabeza descubierta, una mujer, su cabeza cubierta, cuando oran o profetizan. Esto disputa la traducción de "silencioso" en 1 Corintios 14:34. Ambos pueden orar y profetizar. Brawner dijo que el versículo diez se refiere a la necesidad de estar bajo la unción del Espíritu Santo, no de un sombrero o cabello. Ella piensa que está bien que una mujer se corte el cabello, pero no ser calva. (1 Cor. 11:6).

K. Espíritus Sobre la Muerte

La pastora Eloyse dijo la lista de espíritus en Efesios 6:12, y todos los demonios y espíritus malignos son espíritus de muerte. Los ángeles de la muerte te guían hacia la muerte. [201]

El Salmo 88 puede ser usado para liberaciones de los espíritus de la muerte.

Un hombre en el autobús estaba teniendo una convulsión. Yo hice que algunos hombres lo movieran al suelo, y en voz alta, repetidamente, reprendí los espíritus de la muerte, sin nombrarlos. Los paramédicos lo sacaron por la puerta trasera sin decir una palabra. La conductora del autobús estaba contenta diciendo: "como una mujer." Unos días después lo vi en el autobús. El dijo que no compró su medicamento para las convulsiones porque no tenía dinero.

Ángeles de la Muerte.[202]

Eché fuera los Ángeles de la Muerte cuando mi sobrina tuvo una hemorragia cerebral. Ella sobrevivió, pero tiene una limitación en su habla. Eché fuera estos, los espíritus de la muerte y otra lista de mi suegro cuando tenía dolor en el pecho. Vivió varios años más y creo que luego aceptó al Salvador. ¡Eché fuera a estos y a los espíritus de la muerte después de una enfermedad intestinal prolongada y reviví! Ordena a estos espíritus que salgan de ti o de alguien más que necesite libertad.

Eche fuera:

Martura. Mártir. Auto-sacrificio.

Masso. Ansiedad interna aguda. Masoquismo espiritual.

Agrabia, asfixia.

Merodach, muerte por corte de comunicación.

Moloc. El sacrificio de niños (por asesinato, aborto, control de la natalidad, abuso sexual o bautismo infantil).

Rafael, muerte por deterioro físico. (Anti-curación).

Sabnack. Un ángel de la muerte bajo Lucifer y Merodach.[203]

Sabnack, decaer y atormentar del cuerpo. Envejecimiento. (80-lista).

Apolión y Abadón. (Apoc. 9:11).²⁰⁴

Muerte y Espíritus Suicidas ²⁰⁵

988 es la línea de vida de suicidio y crisis para llamar.

Los zombis entran con la inmersión mormona, especialmente el bautismo por los muertos, con el bautismo por aspersión de niños y otros, y con algún tipo de muerte. (Ver el capítulo, No Tener Otros Dioses).

Dioses de la muerte física. Tammuz. (Ezeq. 8:13-14) Thánatos, ataca el cerebro.

Príncipe de la Muerte. Belcebú.

Muerte de las emociones. Osiris y Tamuz.

Muerte espiritual. Sargatanas (80-lista), Osiris & Zombies.

Adoración de la muerte. Osiris.

Protectora de los muertos. Isis.

Muerte viviente. Sirena.

La muerte como acto de la voluntad. Suicidio. Put Satanachia. (80-lista).

Auto-muerte. Belcebú.

Deseo de muerte. Enyo y Oblivio. El deseo de muerte entra con todas las maldiciones. (1 Jn. 3:15). Está alojado y ataca el cerebro. Esto puede incluir el deseo de que alguien más muera. ²⁰⁶. Como con el COVID-19.

Zeus. ²⁰⁷

Apéndices

Espíritus Asesinos

Satanás, (Jn. 10:10) y Lucifer, (Is. 14:12-20). (Ver Milagro de Liberación Homosexual, Apéndice F, y La Estrella de Seis Puntas, capítulo, Símbolos y Emblemas que Traen Maldiciones).

Andras, a matar una persona a voluntad.

Flauros, matará y mutilará.

Glasyalabolas, homicidio, derramamiento de sangre.

Fleurety, controla y provoca guerras mundiales.

Todos, menos Lucifer, son de la 80-lista.

L. Liberacion de los Esclavitudes de los Indios Americano. CLF. El 13 de diciembre,1974.

(Las palabras entre paréntesis son añadidas por este autor).

Eche fuera Idolatría y Lujuria de todo abajo de aquí. (De me antepesados, ahora lo hago, o oculto, CLF).

Artefacto de los Indios

Arqueología,

Cherokee, Navajo, y otro.

Las joyas. De turquesa o de coral. Anillos.

El Ave de trueno.

Totem Pole, (pértiga de madera alta con caras de animales, aves, pez o un persona. Adorando de los antepesados.

Los pintados, las ilustraciónes.

Escudas de las guerras. Las armas. Las hachas, los tambores.

Las Escudas de las guerras, los circulos por la medicina, y los paradores de los sueños.

Los museos.

Las puntas de flechas.

Los bailes. Los salmodilas.

Prenda de cabeza: de piel, de las plumas (a veces águila), de los dientes de animales, garras de animales.

Irene Park dijo que los indios y las brujas usan las plumas por un fetiche.

El amuleto (las garras de los osos).

Bolsas del cuero con los fetiches, las plumas, y abalorios.

Las pinturas de la arena.

Los búfaloes.

Idolatría de la resistencia, la tortura, y sufrimiento. Vea Danza del Sol.

Idolatría de las moradas. Los tipis.

Facinació con los ruinas.

Idolatría de la cultura de los Indias.

Canciónes. Historia.

 Alfombras india Americana.

Tejer, tela. Los Caballos, pintos.

Pintar por la guerra. Mascaras.

Campanas. Campanas por la ventana.

Ojos de Dios tejeres. Trocando.

Las ceremonias. La pipa de paz.

Sillas de montar un caballo.

Las chaqueta de cuero.

Los cinturónes. La gamuza.

Los mocasínes. (Vea capítulo, Símbolos que Traen Maldiciones).

Las Canoas de la corteza blanca.

Romance indio.

El desnudo.

Tierras de sepelio. Irene Park bialó allí desnudo.

Cerámicas. El pello. Las trenzas con la grasa del oso.

Idolatría de Las mujeres indias, Hiawatha. Evangeline. Pocahontas.

Mentira que los guerras irán a las tierras por cazando en la Ciello.

Idolatría de Los hombres indios:

Crazy horse. Caballo loco.

Sitting Bull. Toro sentado.

Idolatría del Shaman. Brujeria.

Hierbas, pocion, peyote, drogas, el cacto y mushrooms, el hongo. Usa del Shaman.

(Usando el Shaman a sanar puede traer mas mal infermidad).

Dar un trance o encanto.

Arranchar la cabellera a. Necesssario ser un guerrero.

Infermidades

Locura, el delerio, la diabetes.

El alcoholismo. La esquizofrenia.

La homosexualidad, el lesbianism, de brujeria. (Irene Park, *The Witch that Switched*, La bruja que cambió).

The Most Significant Bondages, Added by Author.

Ex. 20, Lev. 27-28. Las maldiciones de los pecadoes.

Las arboledas y las sodomitas de cultos paganos. (1 Reyes 14:23-24).

Meido a las danzas indias.

El estiritu de Moloc. (1 Reyes 11:7) (Vea Adoración a los Dioses de los Pueblos Indígenas, capítulo, No Tener Otros Dioses).

(Vea Gene Moody, The Complete Deliverance Manual, Indian curses, 184-190).

(Vea Mandryk, Epigenética, capítulo, Liberación de Traumas)

M. Liberación de los Espíritus de los Indios Americanos y los Pueblos Indígenas 070923

Sé como José. Libérate y perdona lo que te ha aterrorizado. Conviértete en un defensor de la liberación y la sanación para atraer a otros a Yeshua,

"Vosotros pensasteis hacerme mal, pero Dios lo tornó en bien para que sucediera como vemos hoy, y se preservara la vida de mucha gente." (Gén. 50:20)

"Y ninguno de ellos enseñará a su conciudadano ni ninguno a su hermano, diciendo: Conoce al Señor, porque todos me conocerán, desde el menor hasta el mayor de ellos." (Hebreos 8:11)

Horrores de Canadá

La Dra. Meri Crouley y Kevin Annett han expuesto el asesinato ritual por parte de personas ricas y poderosas de niños indios que asistían a escuelas residenciales en Canadá. Su libro: Freedom Cry: Women Fighting Trafficking. El 30 de septiembre es el Día Nacional de la Verdad y la Reconciliación en Canadá con respecto a este horror.[208] [209]

De Los Estados Unidos de América

Al visitar a Rexa en el hogar de ancianos, conocí a Elizabeth, quien dijo que su abuelo fue el primer misionero de los navajos en Nuevo México. 500 niños vinieron al auditorio de una escuela para la escuela dominical.

De Mexico

El culto a las cabezas olmecas, de la Península de Yucatán. Este culto precedió a los aztecas y mayas, se originó a partir de ancestros africanos e involucró sacrificios humanos. Mi suegro y su vecino crearon un dios olmeca de espuma de poliestireno cubierto con yeso para su nuevo atrio.

En Denver, 2007, Jordan dijo que fue salvo como lo presencié en el autobús hace 6 años. Él dijo que su familia de Yucatán, hace varias generaciones, dejó de adorar al dios maya Baal llamado "Menhenkinsin".

Aprendí del San Carlos Times de agosto de 2007 que los indios Yaki o Yaqui de Obregón regresan todos los años durante la Semana Santa para apaciguar al dios de la lluvia, Yuku, quien creen que vive con su esposa en los Cerros las Tetas de Cabra, el gemelo sagrado montaña de picos. Se cree que las ceremonias previenen el hambre, la sequía y el hundimiento de barcos en el mar. Estos en realidad implican el sacrificio de niños.

La Tribu Pipil de El Salvador se asentó en el centro de México. Fueron una de las pocas tribus en abolir el sacrificio humano.

Mi profesor de Antropología dijo que las corporaciones estadounidenses emborracharon a los terratenientes pobres, compraron sus tierras, las cercaron y cultivaron maíz, produciendo jarabe de maíz con alto contenido de fructosa.

La leyenda de Llorona, que ahogó a sus hijos y a sí misma en un río, aún puede usarse para aterrorizar a los niños y obligarlos a obedecer.

Los indios Seri de Senora eran feroces luchadores, veloces corredores, pescadores y fueron acusados de ser caníbales.

Los zapatistas de Chiapas han oprimido a los que dejaron una mezcla de catolicismo y prácticas indígenas. Voice of the Martyrs puso al estado en su mapa mundial. Islam se ha mudado con una escuela para niños.[210]

Aztecas y Otros Dioses

Tlāloc, el dios de la lluvia.

Quetzalcóatl, el dios creador, está representado por una serpiente que entregó maíz y artes a los humanos. La gente depende de los sacrificios humanos a los dioses en la cima de una pirámide. Rocky Mtn News, 6 de diciembre de 1992.

Espíritus de Guía. #4, CLF.

El dios Mesapotyl exige sacrificios de bebés, vírgenes y madres. El anticristo vive en las pirámides y luchará contra el Anciano de los Días.

Los espíritus de un ex dictador todavía están en control.

Zebreius, lucha contra los creyentes con un hechizo.

Antonio ataca el amor.

Entellectus engaña.

Una Persona con Ascendencia India Blackfoot. CLF 072874.

1/32 de ascendencia es india. Ella recibieron liberación de: Esquizofrenia, perversión sexual, modificación sexual, frigidez sexual, miedo, venganza, represalia, intento de asesinato.

Agabo. Un guía guardián personal trajo obesidad, destrucción financiera y física. Terreno, ascendencia india, inseguridad y rechazo. Adorando a los dioses de la fertilidad y la comida.

Tanus. CLF 102780

Curtido de pieles. Se abre a la persecución ya la angustia por ser indígena americano. Pasividad. Fantasía de los indios americanos.

Las mujeres son usadas y hacen todo el trabajo sucio. Los hombres cazan y montan a caballo o en motocicleta.

Ascendencia Cherokee en Una Mujer. 092977

Para salvar a un niño, se hacen juramentos al sol. Pero alguien muere de todos modos.

Un rastro de lobo conduce desde la tierra y el cielo (en el momento de la muerte).

Ella dijo que el cuero cabelludo de las mujeres es más buscado que el de los hombres.

Habló del lesbianismo, del miedo a ser violada, y dijo que la reacción al rechazo es la impotencia, la dependencia y la debilidad.

La Ceremonia de la Danza del Sol

Un muchacho ayuna 5 días antes de este rito de iniciación de paso cuando se convertirá en un hombre.

Esta mujer en el ano de 1977 parecía indicar que las mujeres también participan en esta ceremonia y pueden convertirse en un sacrificio, muriendo a causa de la tortura.

Alrededor de 2007, conocí en el autobús a un hombre y su esposa de Dakota del Sur con ascendencia india. Estuvieron sin vivienda durante unos días. Había publicado una lista en CLF y pude encontrar alojamiento para ellos. Dijo que algunos de sus parientes, pero él no, habían participado en esta ceremonia de iniciación.

Britanica habla de que esta ceremonia estuvo prohibida durante muchos años en los Estados Unidos y Canadá. En esta ceremonia, entrenando al muchacho para ser un guerrero, se insertan artículos debajo de la piel de la espalda para probar la resistencia. El joven tira de una carga, o lo cuelgan del techo de la cabaña de Kiva, con estas inserciones en la espalda. Vi una tortura similar practicada en las Indias Orientales el sábado por la mañana en Christian TV.

Creo que la iniciación de 24 horas de la Orden de la Flecha sigue el modelo de esta ceremonia. Trabajo duro, sin comida, sin poder hablar, durmiendo solo en el bosque, desnudez. Solo con un taparrabos y un chaleco que mi esposo tuvo que hacer él mismo con cuero. Apache Warriors, de Netzley, Kidhaven Press, verifica que la Orden de la Flecha es similar al entrenamiento de los guerreros Apache.[211]

América del Sur, Los Jesuitas Expulsados

La alfabetización y los ingresos son más altos cerca de las antiguas misiones jesuitas que prosperaron hasta 1767, cuando el rey Carlos III de España expulsó a todos los jesuitas del Imperio español. Las ruinas de piedra son visibles en América del Sur.[212]

N. Lista de Lujuria Sexual.[213]

80 = de la lista de 80. (Ver apéndice E).

1. Baal. Idolatría del falo, machos y vida sexual, amor romántico, poder paterno, agresividad masculina, compulsiones. 80.
2. Astaroth (Astarté). Idolatría de la fertilidad, las mujeres y la vida sexual, poder materno, seducción (subconsciente), galanteo, compromiso. 80.
3. Isis. Protectora de los muertos, descansa en el aparato reproductor femenino. Perversión sexual hereditaria (impulsos y prácticas).
4. Sytry. Procura la desnudez. 80.
5. Osiris. "Los muertos", el incesto, los "machos muertos" (sociedad masculina autista) y so-

bre todo lo vivo es el falo (pene) y es adorado. La muerte (o muertes) emocional estimula las emociones redirigidas hacia los impulsos sexuales.

6. Beleth. Una entidad viciosa. Él controla la lujuria. 80.

7. Pitón. Imaginación, pensamientos secretos, mensajes subconscientes, fe en Satanás (Miedo), poder de convencimiento, recepción espiritual (adivinación), hechizo hipnótico.

8. Pitonisa. Prostitución, seducción (imaginaria o real), adivinación.

9. Put Satanachia. Él entra a través de la culpa de una vida sexual pasada, incluida la masturbación, la fantasía y la exposición, etc. Un espíritu perverso, causa incesto, sodomía, lesbianismo, homosexualidad, fornicación y adulterio. Practica matrimonios psíquicos. 80.

10. Fleurety. Él pone la lujuria en la mente de la humanidad. 80.

11. Sargatanas. Entra en los pensamientos secretos de una persona, crea una relación de matrimonio platónico genial, pero no un verdadero intercambio espiritual (vínculo). A través del abuso sexual, el incesto y el acoso (contamina el espíritu). Fornicación, adulterio, autoincesto, masturbación, violaciones sexuales dentro (o fuera) del lecho matrimonial. 80.

12. Eligor. Él causa guerra y lujuria. 80.
13. Semarimis. La lujuria por conseguir algo para el "yo". Profundos deseos subliminales que gobiernan por insuficiencia subconsciente, poderes psíquicos, comunión con los muertos, idolatría del amor.
14. Jano. El yo de la exclusividad personal que hace que se manifiesten las dos caras (dependiente-independiente) o máscaras. Crea personalidad de actor/actriz, que hace que uno coquetee y llame la atención sobre sí mismo.
15. Saleos. Controla la lujuria. 80.
16. Hedona. Deseo de experiencias de placer.
17. Lucio. Amor incumplido, amor no recíproco, sobreextensión del amor, rebelión propia (voltearse y traicionar al propio hombre-espíritu).
18. Vual. Controla la lujuria. 80.
19. Gomory. Controla la lujuria. 80.
20. El espíritu de Sabean. (Vive en el bazo y los intestinos). Odio heredado, odio creativo, actividad inversa (en el bazo y los intestinos) de odio que se derrama en lugar de amor. Así usando el odio como poder motivador genera lujuria (imitación del amor); un impulso para ser aceptado. Los motivos pueden ser el odio prenatal hacia el padre. Gatos

21. Lucifer. (La serpiente en el Jardín del Edén, el silbido, el hechizo mágico, el hambre de conocimiento, el deseo de poder, la magia). Un ángel de luz, portador de luz, estrella del día, belleza propia, exaltación propia, engaño espiritual, misticismo, autoengrandecimiento, egocentrismo, idolatría de lo espiritual, iluminación, llamar la atención, arte de vender, espectacularidad, exigir ser escuchado. "Seré." "Soy yo." Cualquiera que sea el concepto que uno tiene del amor, ese es el concepto que uno tiene de sí mismo. (Identidad propia). "Soy especial porque............"

22. Rafael. Demasiada vida, reacción exagerada, condición exótica.

23. El espíritu de Pan. Temores morbosos subconscientes, masturbación, intimidación, música ambiental (de todo tipo, incluidos "rock" y "rap"). Sueños.

24. Eva. Dependencia emocional heredada en los hombres (en las mujeres).

25. Tammuz. Dependencia subconsciente, adoración de bebés y niños, complejo de Mesías, autoprivación demoníaca, sadomasoquismo.

26. Nimrod. (Voluntad de poder subliminal) Poder de rechazo y juicio, odio subconsciente hacia Dios, inseguridad, falta de comunicación, falta de reconciliación, confusión, obras pro-

pias, sadismo, idolatría, humanismo, muro subconsciente de odio entre los demás y uno mismo, rebelión interior, apropiación indebida del amor.

27. Agaliarept. (Ubicado en el sistema reproductivo) Una predicción de MENTIRAS. Predicciones de pasado o futuro. Crea animosidad, fatalidad inminente, presentimientos, catástrofes y tragedias. Un demonio delirante (paranoia). Sale a la superficie por la noche y expresa miedos. Rompe las relaciones interpersonales. Bloquea la fe. Por miedo, mira hacia el futuro y predice. Activa la imaginación.

    Ubicado en el útero o glándula prostática (casas del miedo), transfiere el miedo desde el sistema reproductivo hasta el coxis y sube por la columna vertebral y lo convierte en un anhelo de amor.

    Idolatría de figuras de autoridad (generalmente hombres). Encierra el espíritu, por miedo al rechazo (por) un imagen masculina. Porque uno ama al varón, uno quiere creerle. (Este espíritu entra de abuso sexual). 80.

28. Lucifugo Roficale. (El dragón de la muerte que a menudo vive en los pulmones). El velo que distorsiona la realidad. Una actitud de idolatría. Él difama a los líderes espirituales y los prepara para una caída. Actitud defensiva.

Es causado por la ira subconsciente hacia los demás, la falta de perdón subconsciente hacia los demás, el odio inconsciente hacia Dios por ser maltratado, ya sea física, emocional o mentalmente. Rechazo de la propia nacionalidad. Dolor de corazón. Duelo profundo del espíritu. Llanto subconsciente, ansiedad crónica. Prueba de debilidad para la fuerza. Él crea una dureza de idolatría alrededor del hombre-espíritu de uno que mantiene alejado al amor. Esto, a su vez, hace que la persona reciba una imitación del amor llamada lujuria. 80.

29. Rafael. Irrealidad.
30. Ra, Re o Phra. Sadomasoquismo.
31. Lammea. Relaciones cercanas rotas.
32. Chelsea. Deseo heredado de exhibir el propio cuerpo.
33. Cibeles. Misticismo heredado, rechazo a la feminidad.
34. Gea. Mentalidad terrenal heredada (carnalidad).
35. Rema. Rechazo heredado; buscando aceptación.
36. Ninfa. Pasiones sexuales incontrolables heredadas.
37. Tantalis. En los machos, mujeres tentadoras.

38. (Titaness) Súcubos. Nightmare, un demonio femenino que se acuesta con hombres dormidos y busca tener relaciones sexuales.
39. (Titán) Incubi. Pesadilla, un demonio o espíritu masculino que se acuesta con mujeres dormidas y busca tener relaciones sexuales. (El autor invirtió Titán y Titaness).
40. Rea. Un espíritu materno en las mujeres a menudo busca hombres para ser madre.
41. Venus. Diosa del amor (floración primaveral y belleza).
42. Cupido. Dios del deseo, el anhelo y la pasión (un niño alado desnudo).
43. Afrodita. Diosa del amor (nacida de la espuma del mar), especialmente bella. (Retraso mental. Ingresa por mala conducta sexual o mala conducta sexual heredada. Lista de la A a la Z de Anna).
44. Mercurio. (Hermes. Un mensajero de Zeus). Un dios atlético con un cuerpo ágil y elegante. Un amante; inspira discurso melodioso y elocuencia.
45. Hermafrodita. Juventud tímida (criada por ninfas). Un solo cuerpo con ambos sexos masculino y femenino.
46. Juno. Diosa del matrimonio.
47. Minerva. Diosa de la sabiduría.

48. Eros. Dios de amor apasionado. (Erotismo, el amor sensual, apasionado de hombres y mujeres).
49. Apolo. Dios del resplandor divino (presente dondequiera que haya luz). Intelectualismo. Rrechazo de las verdaderas emociones del espíritu de uno (que son respaldados por Dios).

O. Depresión Posparto

Dr. Sears enumera 7 razones para la depresión posparto. Psicosis posparto

- #1 Un historial previo de depresión o dificultad para hacer frente a tensiones combinadas.
- #2 Cambiar una carrera de alto estatus por la maternidad.
- #3 Un embarazo no deseado.
- #4 Discordia marital.
- #5 Una experiencia de nacimiento negativa en la que predominan el miedo y el dolor.
- #6 Un bebé enfermo o prematuro.
- #7 Es cualquier situación que separa a la madre y al bebé … poco después del nacimiento.

Las señales de advertencia de las listas de Sears son insomnio, pérdida de apetito, regaños infundados, menos atención a la higiene personal y falta de ganas de salir de la casa. Sears sugiere un grupo de apoyo para la lactancia, La Leche League USA (LLL

USA). https://lllusa.org/sobre-nosotros/ El sitio web esta en español e ingles. (Vea Paternidad, Referencias).

Echa fuera los miedos. Ver Zombi, capítulo No tengas otros dioses.

Eche fuera la Depresión, #7, Apéndice E.

Echar fuera los espíritus de la muerte, Apéndice K.

¡Obtenga oración y ayuda médica!

Sears dijo que otros deberían hacer las tareas del hogar y cuidar a los niños mayores. Limite las visitas, evite el aislamiento, haga ejercicio y lleve una dieta balanceada.

 Creo que mi madre tenía una psicosis posparto más grave porque nos golpeaba a mí ya mi hermano mayor.

Dr. William Sears, Parenting and Childcare A guide for Christian Parents, (Paternidad y cuidado de niños Una guía para cristianos) (Nashville: Thomas Nelson 1993), 106 - 110.

Hay una línea directa gratuita y confidencial las 24 horas del día, los 7 días de la semana para mamás embarazadas y nuevas mamás en inglés y español.

La Línea Directa Nacional de Salud Mental Materna puede ayudar. Llame o envíe un mensaje de texto al 971-203-7773 (800-944-4773 #1)

988 es la línea de vida de suicidio y crisis.

Notas de Fin

1. Dr. Richard Kent. "Dr. Maurice Rawlings Explains Near Death Experiences," Free Christian Teaching TV. Freely you have received, freely give – Matthew 10:8
2. Tom Horn Mar 8, 2020 https://www.youtube.com/watch?v=G0q8vYzLno4 (September 9, 2021). Thomas Horn, The Wormwood Prophecy (Lake Mary, FL: Charisma House 2019), 27.
3. An Extremely Brazen Opening Ceremony to the Commonwealth Games This Year, Openly Worshipping Baal, August August 2, 2022. Australian National Review https://www.australiannationalreview.com/lifestyle/an-extremely-brazen-opening-ceremony-to-the-commonwealth-games-this-year-openly-worshipping-baal/ (August 4, 2022).
4. Profeta Ingrith Benavides – YouTube https://www.youtube.com/channel/UCFa-do68G1RBQQJkI936SOQ
5. David El-Cana Bryan, *The Serpent and the Savior*, (Monee, IL, 2022). Church of Glad Tidings, Live Oak, CA 530.671.3160 https://churchofgladtidings.com/
6. #1 Como Ministrar Liberación Poderosament Carlos Annacondio 2021 https://www.youtube.com/watch?v=ZkUsf_i8RpY (May 30, 2023)

7 Lew White, *Fossilized Customs,* The Pagan Origins of Popular Customs, Ninth Ed. (Louisville: Torah Zone, 2010). 198-199, 201.

8 Gordon Robertson, "The Seat of Satan: Ancient Pergamum." https://www1.cbn.com/700club/seat-satan-ancient-pergamum (September 19, 2020)

9 Gordon Robertson, "The Seat of Satan: Nazi Germany." https://www1.cbn.com/700club/seat-satan-nazi-Germany (September 19, 2020)10 V. Patrick Johnstone, *Operation World* (Grand Rapids: Zondervan 5th ed 1993) 575.

11 Judith Herman, MD. *Trauma and Recovery* (New York City: Basic Books, Harper Collins, 1997), 113. 11. E.H. Carmen, P.P. Ricker, and T. Mills. "Victims of Violence and Psychiatric Illness," American Journal of Psychiatry141 (1984): 378-83.

12 Pastor Thomas Fritch, "How to win souls to Christ." CLF summer camp, June 23 to 27, 1986, The Mountain Center, 32689 Hwy. 40, Evergreen, CO 80439.

13 William Fay, *"How to Share the Gospel Without an Argument,"* August 1996, Pastor Steve Caroll, Arvada Central Baptist, Arvada CO. http://www.sharejesuswithoutfear.com/

14 Dr. Rebecca Brown, *El Vino a Dar Libertad a Los Cautivos* (Clinton, AR: Harvest Warriors, 1989), 9-10.

15 Brown, El Vino a Dar Libertad a Los Cautivos, 83-132.

16 Sanchez, Dell F Ph.D. El Ultimo Exodo, (San Antonio: Jubilee Alive Books, 1999), 43

17 Sid Roth's It's Supernatural Guest: Dell Sanchez September 14, 2004.

18 Sanchez, *El Ultimo Exodo,* 21. 19 Encarta 97 Encyclopedia, Microsoft 1995, Ilustración N, 93.

19 Dell F. Sanchez, Ph.D. *El Ultimo Exodo,* (San Antonio:Jubilee Alive Books, 1999), 92, 93.

20 Sanchez, *El Ultimo Exodo,* 66-71.

21 Paul Johnson, *A History of the Jews* (New York: Harper Perennial, 1987), 226.

22 Dell F. Sanchez Ph.D. "Learn More, Discover your Jewish Heritage." American Anusim - Restoring Anusim Identity: https://americananusim.org/learn-more-1 (September 20, 2020).

23 Jason Mandryk. *Operation World.* (Colorado Springs: Biblica 2010), 866.

24 Nury S. Rivera, Iglesia Baluarte de la Fe, Jacksonville, FL. nuryriveramci@yahoo.com

25 Visión en Acción Misión Rescate, cerca de Juarez,Mexico. viamhs.org

26 Dr. Dell F. Sanchez, *Curse of the Inquisition: Not Cursed but Blessed!* 1 part DVD. https://americananusim.org

27 Robert Lowry, "¿Qué puede lavar mi pecado?" (1876). https://www.letras.com/acappella/nothing-but-the-blood/traduccion.html (July 18, 2023).

28 H. A. Baker, *Vision Beyond the Veil,* 10th ed. (Minneapolis: Osterhus). 69.

29 theythoughtforthemselves.com Click 'FREE". Then click to 'order' or to 'read' in Russian, Hebrew, or English. 5 Evangelical copies of this book, $5.00 plus postage. Sid Roth Partner Services 704-943-6500.

29 Sid Roth, It's Supernatural! & Messianic Vision P. O. Box 39222. Charlotte, NC 28278.

30 Irene A. Park, *Witchcraft, Puppets, and Voodoo.* (New Port Richey: Irene Park Ministries, 1983). 11-13. 7 booklets available in PDF from pastorherb@cdmin.com.

31 Samuele Bacchiocchi, *From Sabbath to Sunday, A historical Investigation of the Rise of Sunday Observance in Early Christianity.* (Rome: Pontifical Gregorian University Press 1977), 311

32 David Holmgren, teacher of Messianic Studies, World Ministries International, Stanwood, WA. 44.

33 Jonathan H. Hansen, *"Warning" The Church Has Divorced Itself From Its Roots.* (Stanwood, WA.: Valley Press, 2000) 44.

33 Hansen, *"Warning"*, 46.

34 "The Most Astonishing Chromosome Count Ever!" So Greatly Loved, Sogreatlyloved December 18, 2019 https:sogreatlyoved.blog/2019/12/18/the-most-astonishing-chromosome-count-ever/

34 Mary Nell on Ron Wyatt and the Ark of the Covenant Revised Apr 13, 2021, ronwyatt.com https://www.youtube.com/watch?v=6Azzg6BSw_4 (May 5, 2022).

35 Irene A. Park. "Modernized Paganism" (Freemasonry) (New Port Richey: Irene Park Ministries, 1982), 3.

36 Irene A. Park, *The Witch that Switched,* (New Port Richey: Christ's Deliverance Ministries, Inc., 1980). 77

37 Glen and Erma Miller, "Whence Came St. Valentine's Day" (Hot Springs, AR: Lake Hamilton Bible Camp, 1988), 3, 7.

38 Carla Butaud, "The "It" Factor," Lake Hamilton Bible Camp Online, 11-26-16.

39 Eloyse Ephraim Badgett, "Krodeus deliverance pattern."CLF, 1978.

40 Eloyse Ephraim Badgett, "Krodeus ministry." Halloween. CLF. July 15, 1976.

41 Rev. Alexander Hislop, *The Two Babylons or the Papal Worship* (Neptune, NJ: Loizeaux Bro., 1959), 160-164.

42 Hislop, *The Two Babylons*, 91.

43 Merrill, F. Unger, *Unger's Bible Dictionary* (Chicago: Moody Press, 1966), 412. (En español, vea Referencias).

44 Cynthia Gorney, "A People Apart," National Geographic." Nov. 2008, 78-101.

45 "Justus's Ritual Calendar" (Parker, CO: Justus Unlimited Inc. 1991).

46 Dr. Rebecca Brown, *El Vino a Dar Libertad a Los Cautivos* (Clinton, AR: Harvest Warriors, 1989), 67-74.

47 Irene A. Park, *The Witch that Switched*, (New Port Richey: Christ's Deliverance Ministries, Inc., 1980). 77.

48 Irene A. Park, *Seven Pagan High Masses and Halloween* (New Port Richey: Irene Park Ministries Inc., 1982), 3, 4, 9, 10.

49 Thomas R. Horn. Josh Peck (Director) "Silent Cry: The Darker Side of Trafficking," September 25, 2020. Amazon. https://www.amazon.com/Silent-Cry-Darker-Side-Trafficking/dp/B08JLXYN56 (December 16, 2020).

50 Silent Cry: "The Conspiracy That is True." October 11, 2020, https://subsplash.com/skywatchtv/lb/mi/+45736vd (December 16, 2020).

51 Rebecca Brown, MD., *Preparémonos Para La Guerra* (Clinton, AR: Harvest Warriors, 1990), 207.

52 *Preparémonos Para La Guerra*, 211-215.

53 Nancy Stimson, "Voluntary Climbing Ban In June," May 24, 2013, National Park Service, https://www.nps.gov/deto/learn/news/voluntary-climbing-ban-at-devils-tower-in-june.htm

54 Pastor Eloyse Badgett, "Nimrod, A Power Demon," unpublished work CLF, 3-19-79.

55 Pastor Eloyse Badgett, "Molech Deliverance Pattern," CLF.56 H. B. Hayes, "Developing Unborn Baby at 8 Weeks," Heritage House, 919 S. Main ST, Snowflake, AZ 85937. www.hh76.org. 1-800-858-3040.

57 Tom Horn & Cris Putnam, *Petrus Romanus, The Final Pope is Here* (Crane, MO: Defender. 2012), 312-319.

58 Rexa Daniels, "Micah, Treasures of Wickedness. Deliverance from Demons Associated with Riches and Wealth." Unpublished work CLF.

59 Ralph Edward Woodrow, *Babilonia Misterio Religioso* (CLIE. 2008) 44.

60 Woodrow, *Babilonia*, 21-22.

61 Pastor Eloyse Badgett, "Infant baptism Zombie/Zeus deliverance pattern," CLF.

62 Anna Paraseah, Zombie, A-Z demon names. Unpublished manuscript. Lakewood, CO: Be Free, 2006.63 Jim Landry, *Judging Your Parents, "The Hidden Sin"* (Beaumon3t, TX: In Jesus Name 2004), 20, 21.

64 Anna Paraseah, Death spirits, A - Z dictionary. Unpublished manuscript Lakewood, Co Be Free.

65 Orloue Gisselquist. *Called to Preach, The Life and Ministry of Rev. J.O. Gisselquist*, 1888-1968 (Orloue N. Gisselquist 1999), 90.

66 Herbert Mjorud, *Your Authority to Believe* (Carol Stream IL: Creation House, 1975), 90.

67 Ralph Edward Woodrow, *Babilonia Misterio Religioso* (CLIE. 2008), 7-22.

68 Jack T. Chick, "¿Son Cristianos Los Catolicos?" (Chino: Jack T. Chick LLC. 1986), 20. www.chick.com

69 Chick, "¿Son Cristianos Los Catolicos?" 10.

70 Rev. Alexander Hislop, *The Two Babylons or the Papal Worship* (Neptune, NJ: Loizeaux Bro., 1959), 164.

71 "The Society of Jesus." Wikipedia the Free Encyclopedia. wikipedia.org/wiki/Society_of_Jesus (January 16, 2019).

72 Jack T. Chick, *Double-Cross, the Crusaders, La Cruz Doble*, Alberto part two, vol. 13 (Chino: Chick Publications, 1981), 14.

73 Henry H. Halley, *Pocket Bible Handbook* 19h ed. rev. (Chicago: Henry H. Halley, 1951), 689.

74 Ron Campbell, "Unearthing the Mysteries of Masonry," Charisma (November 1997), 74.

75 Campbell, "Unearthing," 73, 76, 115.

76 Selwyn Stevens Ph.D., *Unmasking Freemasonry, Removing the Hoodwink* (Wellington, N Z: Jubilee Resources, 2007), 29.

77 Yvonne Kitchen, *Freemasonry Death in The Family* (Mountain Gate, Victoria: Fruitful Vine, 1997), 67-72. media@fruitfulvine.org

78 Stevens, *Unmasking Freemasonry*, 8.

79 Stevens, *Unmasking*, 13.

80 Stevens, *Unmasking*, 28.

81 Open Line, June 19, 2001. www.moodyaudio.com.

82 Seek Partners International Inc. Support – Enlighten – Equip – Kingdom https://seekpartners.org/people

83 Irene A. Park. *Modernized Paganism* (on Freemasonry) (New Port Richey: Irene Park Ministries, 1982), 1.

84 C. Todd Lopez "Male hazing most common type of sexual assault, expert reveals." WASHINGTON (Army News Service, April 11, 2016). https://www.army.mil/article/166188/male_hazing_most_common_type_of_sexual_assault_expert_reveals (December 22, 2021).

85 Pointman International Ministries – Home https://www.pmim.org.

86 Earl Davis, *"Demonbuster.com Deliverance Manual."* http://demonbuster.com/war.html (June 17, 2020).87 Irene A. Park, *Witchcraft Idolatry and Indian Ways* (New Port Richey: Irene Park Ministries, 1982), 7.88 Park, *Indian Ways*, 4, 22, 27.89 Park, *Indian Ways*, 7, 8.90 Jim Landry, *Orishas African Hidden Gods of Worship*, (Jacksonville, IL: Truth Book, 2016).

91 Irene A. Park, *What Every Christian Should know about Symbols, Signs, and Emblems*, (New Port Richey: Irene Park Ministries, 1982). pastorherb@cdmin.com.

92 Irene A. Park, *Witchcraft Idolatry and Indian Ways* (New Port Richey: Irene Park Ministries, 1982), 27.

93 Jack T. Chick, *Double-Cross, the Crusaders, La Cruz Doble*, Alberto part two, vol. 13, (Chino: Chick Publications, 1981), 7.

94 Eloyse Ephraim Badgett, "Tammuz Teaching." CLF 1-23-79. January 23, 1979.

95 Eloyse Ephraim Badgett, Python Pattern, "Power over Israel." *Handbook for Strategic Level Spiritual Warfare for the Middle East*

and Europe (Lakewood, CO: Lakewood Foursquare Church/Christian Living Fellowship, 1996), 7.1 - 7.8.

96 Irene A. Park, *Modernized Paganism,* (New Port Richey: Irene Park Ministries, 1982). 8. pastorherb@cdmin.com.

97 Dr. O.J. Graham, *The Six-Pointed Star,* Lectures, August 16, 1999, https://www.masoniclibrary.org.au/research/list-lectures/176--the-six-pointed-star.html

98 O.J. Graham, *The Six-Pointed Star,* 4th ed. (Don Mills, Ontario: Free Press, 2000), 123-130. www.OJGraham.com.

99 Eloyse Ephraim Badgett. "Satanic Transfer," CLF, December 15, 2005.

100 Pastor Eloyse Badgett. "Do demons have proper names?"Cassette. CLF.

101 Merrill, F. Unger, *Unger's Bible Dictionary* (Chicago: Moody Press, 1966), 411-418. (En español, vea Referencias).

102 Pastor Hector Soberanis, Horeb El Monte De Dios, 11111 E Mississippi Ave, Aurora STE 100, Colorado 80012.

103 Gary Whetstone, *Conquering Your Unseen Enemies* (New Castle, DE: Gary Whetstone. 1999), 7 - 26.

104 Lisa Bevere, Kissed the Girls and Made Them Cry (Nashville: Thomas Nelson 2002), 8.

105 Micah Stephen Bell, *No Other Gods* 6th ed. (Euless, TX: Key Ministries, 2002), 18.

106 Pastor Eloyse Badgett, Anti-Health List 1 and 2, CLF.

107 Pastor Eloyse Badgett, "Put Satanachia Pattern," CLF, April 12, 1978.

108 Irene A. Park, *"Witchcraft, Puppets, and Voodoo."* (New Port Richey: Irene Park Ministries, 1983), 5. pastorherb@cdmin.com.

109 Yvonne Kitchen, *Freemasonry Death in The Family.* (Mountain Gate, Victoria: Fruitful Vine, 1997), 53. media@fruitfulvine.org

110 Meridel Rawlings Ph.D., *Stain Remover: Healing the Indelible Stain of Child Sexual Abuse* (Mevasseret Zion, Israel: Still Small Voice, 2021), 159, 160. https://stillsmallvoice.tv Email: meridel.rawlings@gmail.com

111 Gene & Earline Moody, "87LHCD7-9 – Gene & Earline Moody" Lake Hamilton.org http://lhbconline.com/gene-earline-moody/ (February 12, 2020)

112 Mina R. Brawner, MD., *Woman in the Word* (Dallas: Christ for the Nations, 1975), 54-55.

113 Irene A. Park, *"Witchcraft, Puppets, and Voodoo."* (New Port Richey: Irene Park Ministries, 1983). 4.

114 Anna Paraseah. "Death Spirits." A-Z Dictionary. CLF.

115 Yvonne Kitchen, *Freemasonry Death in The Family.* (Mountain Gate, Victoria: Fruitful Vine, 1997), 20 -22. media@fruitfulvine.org

116 Lilly Hope Lucario, "12 Life-Impacting Symptoms Complex PTSD Survivors Endure," August 17, 2017, https://themighty.com/2017/08/life-impacting-symptoms-of-complex-post-traumatic-stress-disorder-ptsd/

117 Ruth S. Olson, "COVID-19 Deliverance," Giving Yeshua: https://givingyeshua.com

1118 Anna Paraseah, A-Z Dictionary. CLF.

119 Pastor Eloyse Badgett, "Nimrod, A power demon," CLF, March 19, 1979.

120 Eloyse Ephraim Badgett, "Sexual Lust Demons,"

Handbook for Strategic Level Spiritual Warfare for the Middle East and Europe (Lakewood, CO: Lakewood Foursquare Church/Christian Living Fellowship, 1996), Nimrod. 6.5.

121 Badgett, *Handbook,* Sabean. CLF. 6.4.

122 Paul Johnson, *A History of the Jews* (New York: Harper Perennial, 1987), 515. 516

123 Eric Metaxis, *Bonhoeffer: Pastor, Martyr, Prophet, Spy* (Nashville: Thomas Nelson, 2010), 93-94.

124 Pastor Eloyse Badgett, "Tython, - Typhon," CLF, February 28, 1978.

125 Eloyse Ephraim Badgett, "Typhon deliverance pattern." CLF, February 27, 1978.

126 Yvonne Kitchen, *Freemasonry Death in The Family* (Mountain Gate, Victoria: Fruitful Vine, 1997), 137. media@fruitfulvine.org

127 Pastor Eloyse Badgett, "Angels of Death." CLF, July 23, 1988.

128 Jack T. Chick, "¿Son Cristianos Los Catolicos?" (Chino: Jack T. Chick LLC. 1986), 6. https://www.chick.com/products/tract?stk=71

129 Jack T. Chick, *Angel of Light Angel de Luz* (Chino: Jack T. Chick LLC. 1978).

130 Charles Chiniquy, *The Priest, the Woman, and the Confessional* (Chino: Jack T. Chick LLC. Public domain)

131 Charles Chiniquy, *Priest, Woman & Confessional.* https://www.gutenberg.org/files/20120/20120-h/20120-h.htm (March 15, 2021)

132 Judith Herman, MD. *Trauma and Recovery* (New York City: Basic Books, Harper Collins, 1997), 119

133 Melinda Beck, Karen Springen, and Donna Foote. "Sex and Psychotherapy: A current Affair." Newsweek April 13, 1992: 55.

134 Beck, Sex and Psychotherapy: 54.

135 Christine P. Bartholomew. "Pope ends a secrecy rule for Catholic sexual abuse cases, but many barriers to justice remain for victims." January 13, 2020. https://theconversation.com/pope-ends-a-secrecy-rule-for-catholic-sexual-abuse-cases-but-for-victims-many-barriers-to-justice-remain-129434

136 Tom Horn, and Cris Putnam. *Petrus Romanus, the Final Pope, is Here* (Crane, MO: Defender. 2012), 221, 222.

137 James Brundage, *Law, Sex, and Christianity in Medieval Europe* (University of Chicago Press, 1990), 473.

138 Mary Annette Pember "Trauma May Be Woven Into DNA of Native Americans" OCTOBER 3RD, 2017, Updated: SEP 13, 2018, https://indiancountrytoday.com/archive/trauma-may-be-woven-into-dna-of-native-americans (August 17, 2016).

139 Jason Mandryk. *Operation World* (Colorado Springs: Biblica 2010), 866 - 867.

140 Tudor Bismark. "Bastard Curse/Spirit & Prayer~Bishop Tudor Bismark." https://www.youtube.com/watch?v=tDXR-dIb7dY (May 5, 2019)

141 Jason Mandryk, *Operation World* (Colorado Springs: Biblica 2010), 270, 719.

142 William Sears, MD., *Parenting and Childcare, a Guide for Christian Parents* (Nashville: Thomas Nelson 1993), 115, 117, 129, 150-151, 186.

143 Eloyse Ephraim Badgett, "Nebiros, Book, *Men who Hate Women* ..." CLF, October 30, 1987, 2/9.

144 Dr. Susan Forward and Joan Torres, *Men Who Hate Women and the Women Who Love Them* (New York: Bantam, 1986), 8.

145 Thomas Gregory Stewart, *The Broken Scout* (Enumclaw, WA: Redemption, 2017), 243.

146 Paul Hegstrom, *Broken Children, Grown-up Pain* (Kansas City, MO: Beacon Hill. 2001) 11.

147 Life Skills International. Lifeskillsintl.org 806-348-7171

148 Rich Buhler, *Pain and Pretending* (Nashville: Thomas Nelson, 1988), 31.

149 Buhler, Pain, 33.

150 Dr. Mohan Nair, https://mohannairmd.com/

151 PTSD, ICD-11 for Mortality and Morbidity Statistics (Version: 05/2021). https://icd.who.int/browse11/l-m/en#http%3a%2f%2fid.who.int%2ficd%2fentity%2f2070699808 (December 20, 2021).

152 CPTSD, ICD-11 for Mortality and M orbidity Statistics (Version: 05/2021) Geneva, 05/2021. https://icd.who.int/browse11/l-m/en#/http%253a%252f%252fid.who.int%252ficd%252fentity%252f585833559(December 20, 2021).

153 "La Mejor Historia Para Conocer," (Moundridge, KS:Gospel Tract and Bible Society) gtbs.org 620-345-2533

154 Jack T. Chick, "¿Son Cristianos Los Catolicos?" (Chino: Jack T. Chick LLC. 1986), 15.

155 Anna Paraseah, "Sex sins or Acting out." CLF, January 21, 2001.

156 Anna Paraseah, A-Z demon names. Luciferina. CLF.

157 Anna Paraseah, Interrogate, CLF.

158 Pastor Eloyse Badgett, "Boniface Deliverance Pattern." CLF. October 9, 1976.

159 Jack Chick, "Evil Eyes" (Ontario, CA: Chick, 2019). chick.org Ahora solo disponible en francés.

160 John Ramirez, ex satanista testimonio Traducido enEspañol https://www.youtube.com/watch?v=hToAh4UzKSY (July 18, 2023)

161. "Do birth control pills cause abortions?" ¿Las píldoras anticonceptivas provocan abortos? Chastity Project. https://chastity.com/qa/do-birth-control-pills-cause-abortions/ (December 15, 2020).

162. Brian Clowes PhD, "Abortifacient Brief: The Intrauterine Device" Resumen sobre abortivos: el dispositivo intrauterine. April 8th, 2017, Human Life International https://www.hli.org/resources/abortifacient-brief-intrauterine-device/ (December 15, 2020).

163 Pastor Eloyse Badgett, "Deliverance and Healing for the Woman who has had an Abortion," CLF, January 8, 2004.

164 Rev. Terry Taylor. "Satan has 80 Horrifying demons that can take possession of your body." The NTL Tattler, Exorcism Special (Chicago: "Publisher's Promotion Agency, Inc." Spring 1974), 11.

165 Anna Paraseah, Beelzebub, A-Z demon names, CLF.

166 Eliphas Levi, The Mysteries of Magic, 1886. 74-75.

167 Albert Pike, Morals and Dogma, 1987. 734

168 Yvonne Kitchen, *Freemasonry Death in The Family* (Mountain Gate, Victoria: Fruitful Vine, 1997), 117, 142 media@fruitfulvine.org

169 Eloyse Ephraim Badgett, "Put Satanachia deliverance pattern." CLF. November 7, 1985.

170 Anna Paraseah, Summary of Many Put Satanachia Deliverance Patterns, A-Z demon names and summary, CLF.

171 Eloyse Ephraim Badgett, "Psychic Power and Shame Patterns," *Handbook for Strategic Level Spiritual Warfare for the Middle East and Europe* (Lakewood, CO: Lakewood Foursquare Church/ Christian Living Fellowship, 1996), 4.1-5.11.

172 Anna Paraseah, A-Z Dictionary, Depression, CLF.

173 Anna Paraseah, Sargatanas and Zireck. A-Z Demon Names, CLF

174 Pastor Eloyse Badgett, "Nebiros." CLF. pg. 1/2.

175 Anna Paraseah, Lucifuge Roficale, A-Z demon names.CLF.

176 Eloyse Ephraim Badgett, "Homosexuality Spirits," CLF, February 10, 1993.

177 Eloyse Ephraim Badgett, "Sexual Lust Demons." *Handbook for Strategic Level Spiritual Warfare for the Middle East and Europe* (Lakewood, CO: Lakewood Foursquare Church/Christian Living Fellowship, 1996), 6.1-6.8.

178 Eloyse Ephraim Badgett, "Put Satanachia, Perverse spirit," CLF.

179 Anna Paraseah, A-Z Demon names. Put S. Baal. CLF.

180 Anna Paraseah, A-Z Demon names. Isis. CLF.

181 Badgett, "Sexual Lust Demons." Osiris. *Strategic Level Spiritual Warfare*, 6.1.

182 Badgett, "Sexual Lust Demons." Sargatanas. Strategic Level Spiritual Warfare, 6.2.

183 Eloyse Ephraim Badgett, "Proxy Deliverance for a Woman," CLF. January 22, 1989.

184 Miranda Hitti, "Herpes and Oral Sex: Women's Risks," Genital Herpes News March 1, 2005, https://www.webmd.com/genital-herpes/news/20050301/herpes-oral-sex-womens-risks

185 Jasmine Townsend, *It Could Have Been Me*, (Colorado Springs: Hunter Heart, 2013).

186 Pastor Eloyse Badgett, "Spirits to cast out Immediately: (All under Satan)." CLF.

187 Anna Paraseah, death spirits, A-Z Dictionary. CLF.

188 Lilly Hope Lucario August 17, 2017 https://themighty.com/2017/08/life-impacting-symptoms-of-complex-post-traumatic-stress-disorder-ptsd/

189 Jack T. Chick, *The Big Betrayal, La Gran Traicion* (Ontario, CA: Chick, 1981). 48, 58, 59.

190 Charles Chiniquy, *Fifty Years in the Church of Rome* (Chino: Chick, 1958), 309.

191 Edmond Paris, *The Secret History of the Jesuits* (Chino: Chick, 1983), 191.

191 Jack T. Chick, *Jesuits, Jesuitas*, vol. 20 (Ontario, CA: Chick, 2011), 29, 30.

192 Jack T. Chick, *The Prophet, El Profeta,* Alberto Part 6, vol. 17 (Ontario, CA: Chick, 1988).

193 Jack T. Chick, *The Force, La Fuerza,* Part 4, vol. 15 (Ontario, CA: Chick, 1983), 24, 25.

194 "The New World Order of Ignatius De Loyola," August 17, 2008 https://ignatiusdeloyola.blogspot.com/

195 The Editors of *Encyclopaedia Britannica,* "Aimee Semple McPherson American religious leader," https://www.britannica.com/biography/Aimee-Semple-McPherson

196 "Taking the Aspie Quiz," Asperger's Tests musings of an Aspie. November 20, 2012 https://musingsofanaspie.com/2012/11/20/taking-the-aspie-quiz/ (November 16, 2020).

197 Pastor Eloyse Badgett, Autism deliverances. CLF. July 29, 1984.

198 Pastor Eloyse Badgett, "Autism Demons and Definitions." CLF.

199 Yvonne Kitchen. *Freemasonry Death in The Family.*(Mountain Gate, Victoria: Fruitful Vine, 1997), 150-152. media@fruitfulvine.org

200 Mina R. Brawner, MD., Woman in the Word (Dallas: Christ for the Nations, 1975), 50-52, 54-55.

201 Eloyse Ephraim Badgett, "The Death Spirit, Apollyon/Abaddon, Ministry on our Secret Sins." Christian Living Fellowship, Lakewood, Colorado. 6-19-81.

202 Eloyse Ephraim Badgett, "Angels of Death." Christian Living Fellowship, Lakewood, Colorado. 7-23-88.

203 Eloyse Ephraim Badgett, "Merodach" deliverance pattern, Christian Living Fellowship, Lakewood, Colorado. April 1981. 2.

204 Eloyse Ephraim Badgett, The Death Spirit, Apollyon/Abaddon. CLF. June 19, 1981.

205 Anna Paraseah. "Death Spirits." A-Z Dictionary. CLF Eloyse Ephraim Badgett, Krodeus Deliverance Pattern. July 15,1976.

206 Anna Paraseah, "Krodeus deliverance ministry, July 15, 1976." CLF.

206 Anna Paraseah, "Krodeus deliverance ministry, July 15, 1976." CLF

207 Anna Paraseah. Zeus. A-Z Demon Names. CLF

208 Dr. Meri Crouley, *Freedom Cry: Women Fighting Trafficking* (Brigham City: New Life Clarity 2022) https://mericrouley.com

209 the people'sprayernetwork.com

210 Frédéric Saliba, "Mexico's rebel Chiapas state is turning its back on Catholicism" Apr 10, 2012 https://www.theguardian.com/world/2012/apr/10/mexico-indians-abandon-catholic-church July 9, 2023.

211 Sun Dance religious ceremony. Arts & Culture; https://www.britannica.com/topic/Sun-Dance. (July 9, 2023).

212 Andrew Van Dam, "It ended in 1767, yet this experiment is still linked to higher incomes and education levels today." https://www.washingtonpost.com/business/2018/11/09/years-after-jesuits-were-expelled-towns-near-their-missions-still-have-higher-education-incomes/ July 9, 2023

213 Eloyse Ephraim Badgett, "Sexual Lust Demons," *Handbook for Strategic Level Spiritual Warfare for the Middle East and Europe* (Lakewood, CO: Lakewood Foursquare Church/Christian Living Fellowship, 1996) Pages 6.1 -6.8.

Referencias

Contacto para Autores

Rebecca Brown, MD., (1948-2020) y Daniel Yoder,

Harvestwarriors.com. e-mail warriors@artelco.com

Yvonne Kitchen, Fruitful Vine Ministries International

500 Kelletts Road, Lysterfield VIC 3156, Australia media@fruitfulvine.org.

Irene A. Park, Pastor Herb and Sandy Pohlmeyer, Christ Deliverance Ministries Internet Church http://cdmin.com/

Libros

Maurice Rawlings, MD. *To Hell and Back* (Nashville: Thomas Nelson 1993).

David H. Stern, *Jewish New Testament Commentary* (Clarksville, MD: Jewish New Testament Pub, Inc., 1989).

Niños

Mary Jo Pennington, *6 Big Big Big Angels* (Brandon, FL: Big Angels Press, 2005).

Elspeth Campbell Murphy, *David and I talk to God Series* (Colorado Springs: David C. Cook, Chariot).

Referencias

Catolicismo

Use: La Lista de Liberación para Espíritus Familiares, Apéndice G.

Eche Fuera los espíritus de Ignacio de Loyola, el fundador de la Illuminati y los jesuitas. Eche fuera los espíritus de los Papas, sacerdotes y monjas que conociste.

Los tratados de Jack Chick están disponibles para leer en línea en muchos temas, incluido el catolicismo. Chick.com

Su Matrimonio

Dr. James Dobson Family Institute Para que las parejas cristianas experimenten un matrimonio armonioso, Dios debe estar en el centro de su relación. (Ecles. 4:12). https://www.drjamesdobson.org/marriage-parenting/the-marriage-triangle-spanish-reyes-9

Paternidad

Dr. Sears, "Ask Dr. Sears." https://www.askdrsears.com/
topics/parenting/attachment-parenting/unconnected-child
(August 21, 2020).

Mesiánico

Richard Shalév Zellon, *Y'shua El Mesías Judío*, (CreateSpace 2016)

Jewish Jewels. Cuatro publicaciones en español.

Neil Y Jamie Lash, *El Judaismo Mesianico …Vida de entre los Muertos* (Rom. 11:15), 2000. Cortéla Estrella de 6 puntas. http://jewishjewels.3dcartstores.com/Spanish-Items_c_41.html

Ron Cantor, "I am looking for the FOURTH Temple!" Sep. 29, 2022 https://www.roncantor.com/post/i-am-looking for-the-fourth-temple

Masonería

Selwyn Stevens Ph.D., *Unmasking Freemasonry Removing the Hoodwink* (Wellington, N Z: Jubilee Resources, 2007).La oración de renuncia a la masonería está en Selwyn El sitio web de Steven, idéntico a la oración en su libro, que comienza en la página 48.https://jubileeresources.org/pages/freemasonry (May 18, 2022).

SMART – Stop Mind Control and Ritual Abuse Today. https://ritualabuse.us/

Mormonismo

https://quitmormon.com Ellos ayudaran a cualquiera en el mundo. Use la Lista de Liberación para Espíritus Familiares, Apéndice G,

expulsar los espíritus del fundador, José Smith, quien fue un masón. Expulsad también los espíritus de vuestros obispos.

Selwyn Stevens Ph.D., *Unmasking Mormonism* (Wellington, N Z: Jubilee Resources, 2007).

Referencias

Adolescentes y Mujeres

Lisa Bevere, *Kissed the Girls and Made them Cry*, (Nashville:Thomas Nelson 2002)

Lisa Bevere, "Purity's Power" DVD video sessions (Colorado Springs:Messenger International 2004).

Loren Cunningham, David Joel Hamilton, *Why Not Women?* (Seattle: YWAM, 2000).

Dr. Margaret J. Rinck, *Christian Men who Hate Women* (Grand Rapids: Zondervan 1990)

See Whetstone, endnote 103.

Liberación y Sanidad; Libros y Literatura

Stephen Arterburn, *La Batalla de Cada Hombre* (Revisado) (Medley, FL: Editorial Unlit 2003)

Dr. Rebecca Brown, *El Vino a Dar Libertad a Los Cautivos* (New Kensington: Whitaker House; 1992)

Rebecca Brown con Daniel Yoder, *Maldiciones Sin Quebrantar, La Fuente Escondita de Problemas en la Vida Cristiana* (New Kensington: Whitaker 1996)

Rebecca Brown, MD., *Preparémonos Para La Guerra* (New Kensington: Whitaker House; 1992)

Jonas Clark, *Rejection is Hell* (Hallandale, FL: Spirit of Life, 2002). Usé este libro en el estudio de la Biblia para los enfermos mentales.

Jess Parker, *The Myth of Multiple Personality Disorder?* (Yuba City: TDS Ministries).

Derek Prince, *Bendición o Maldición: Usted puede escoger* (Medley FL: Unilit, 2015)

Derek Prince, *Echaran Fuera Demonios* (New Kensington: Whitaker, 2009)

Merrill F. Unger, *Manual Bíblico de Unger* (Candle Books; 9th ed. 1993)

Merrill F. Unger, *What Demons Can Do to Saints,* (Chicago: Moody, New edition 1991).

Merrill F. Unger, *Biblical Demonology: A Study of Spiritual Forces at Work Today,* (Wheaton: Van Kampen, 2011).

Gary Whetstone, *Como Identificar Y Remover Maldiciones* (New Kensington: Whitaker 2003) www.jesusexperience.com/

Deliverance and Healing Ministries

No vaya solo a consultar con una persona del sexo opuesto. Permanezca en la sesión con un niño.

Mark Hemans, "Ministerios del Encuentro con Jesús". Hemans tiene reuniones tanto en persona como EN LÍNEA, a veces con español traductores. Hemans habla español e inglés. Al final de cada reunión de cuatro horas todos reciben el ministerio de un ayudante de oración. Consulte el horario de Hemans con frecuencia y regístrese. Solo se pide una donación. https://www.youtube.com/channel/UCmMLO7vxbA78hTr6EgguIYA

https://www.jesusencounterministries.com.

YouTubes

Español, Vea John Ramirez, Nota de Fin 160.
Español, Vea Carlos Annacondia, Nota de Fin 6.
Español, Vea Benavides, Nota de Fin 4.
Perez, Vea Nota de Fin 6.

Scouting

Use la Lista de Liberación para Espíritus Familiares, Apéndice G, para echa fuera los espíritus de los fundadores.

Los varones eran masones: Robert Baden-Powell, Wolf Cubs (Lobo cachorro) y Boy (Muchacho) Scouts. Dr. E. Urner Goodman y Carroll Edson, Muchacho Scout Orden de la Flecha.

Juliette Gordon Low, Scouts de las muchachas.

Patrick Boyle y Robert Gunn, *Scout's Honor, Sexual Abuse in America's most trusted institution* (Abuso Sexual en la institución más confiable de Estados Unidos). (Prima lifestyles, 1994)

Boy Scouts of America, *Order of the Arrow Handbook* (Irving, TX Boy Scouts of America. 1991).

Thomas Gregory Stewart, *The Broken Scout* (El Scout roto) (Enumclaw, WA: Redemption, 2017).

Life Issues

National Right to Life, https://www.nrlc.org/medethics/willtolive/states/ (September 29, 2022).

The Will to Live (Testamento de Vivir) Project (202) 378-8863 medethics@nrlc.org https://adflegal.org/

Persecution

Alliance Defending Freedom. Asistencia Legal Mundial.

> Jack T. Chick, *The Crusaders,* Alberto Rivera's story (Historia de Alberto Rivera), parts one to six, (Chino: Chick Publications). Español e ingles.

Adendas

Guerras Intertribales en África

En el capítulo tres del libro de la Dra. Rebecca Brown, *Unbroken Curses*, Brown habla de los pecados heredados de los antepasados que están afectando a los afroamericanos y a los refugiados africanos recientes. Ella discierne que las guerras intertribales en África se han convertido en una guerra de pandillas en los Estados Unidos de América.

Brown nos recuerda que en Nehemías 9:1-3, el pueblo confesó los pecados de sus padres. En Daniel 9:11, él está perdonando los pecados de desobediencia a Dios por su pueblo que pronto iba a ser liberado de Babilonia, admitiendo que esto había traído una maldición.

Hablé de la Brujería de África en el capítulo de Mi Historia con respecto a la Inducción de Mi Padre en la Orden de los Boy Scouts de la Flecha, y también con respecto a la música de iglesia en: capítulo No Tener Otros Dioses. Hablé de la necesidad de eche fuera los traumas en su código genético en el capítulo Liberación de Traumas. (Vea Apéndice E, Fleurety, la lista de los 80)

Tráfico Sexual

Después de ver la película Sound of Freedom (Sonido de Libertad) pregunté: "¿Los niños hispanos son objeto de trata con mayor frecuencia?"

Encontré, "El tráfico sexual infantil es un ciclo de abuso," en thorn.org. Quienes son más vulnerables a este tipo de explotación son los niños: los que no tienen hogar o se han fugado, LGBTQ, afroamericanos o latinos, y los jóvenes que interactúan con el sistema de bienestar infantil.

Violencia Contra los Judíos Mesiánicos

Algunos judíos ultraortodoxos en Israel han actuado en "Protesta violenta contra los judíos mesiánicos en Jerusalén." RonCantor.com/media. La esposa de Ron Cantor fue agredida antes de que pudiera entrar en una reunión de oración. (Vea el libro de los Hechos en la Biblia por las persecuciones de los que creían en Yeshua).

Dos Tipos de Inquisiciones en Curso

En el estado de Hidalgo, México, 150 bautistas fueron desalojados de sus hogares en abril de 2024. Al parecer, la persecución se debe a que no participan en la Semana Santa, cuando se sacrifican los primogénitas. Para más información, contácteme en givingyeshua.com.

Desde hace veinte años, he visto a algunos líderes que no permiten que la gente se libere de las ataduras católicas.

Los Espíritus Anticristo y el Illuminati

La pastor Eloyse enumeró cinco espíritus maestros del Anticristo. Pitón, engaño. Zeus, idolatría. Hércules, falsa redención. Baco, falsa vida eterna, y alcoholismo. Apolo, falsa salvación, el intelecto. Hay muchos anticristos. (1 Juan 2:18). El espíritu de Moloc. El espíritu antisemita de Lutero. Marion y Bonifacio. El espíritu de Jezabel, el rechazo del padre y el autismo, CLF, 8 de julio de 1977.

El pastor Eloyse discernió espíritus sobre los Illuminati: Pan, Príapo, Remphan, Baal-Peor y Janus, gobernando mediante el lavado de cerebro y el humanismo.

Penre afirma que "los objetivos de los Illuminati… son crear un Gobierno Mundial Único y un Nuevo Orden Mundial, con ellos en la cima para gobernar el mundo en la esclavitud y el fascismo". Se han dirigido especialmente a los jóvenes.

Enumera 13 familias de los Illuminati: Astor, Bundy, Collins, DuPont, Freeman, Kennedy, Li (chinos), Onassis, Rockefeller, Rothschild, Russell, van Duyn, Merovingian (familias reales europeas).

Wes Penre, "The Secret Order of the Illuminati, A brief History of Moriah and the Shadow Government," 27 de noviembre de 2003, última actualización: 10 de junio de 2005 del sitio web Illuminati-News. https://www.bibliotecapleyades.net/sociopolitica/esp_sociopol_illuminati_12.htm

Apéndices

A. Liberación del bautismo infantil y de la Orden de la Flecha 181

B. Patrón de Liberación de Bonifacio 184

C. Más Liberaciones para los Judíos Sefardíes, Otros Judíos y Creyentes 189

D. Liberación del Aborto, Control de la Natalidad y Otras Prácticas no Bíblicas 190

E. La 80-lista, Ocho Principados 194

F. El Milagro de Liberación Homosexual 202

G. La Lista de Liberación Para Espíritus Familiares 207

H. TEPT Complejo, Lucario 210

I. Más Sobre los Jesuitas 211

J. Tener Miedo de Hablar 214

K. Espíritus Sobre la Muerte 217

L. Liberacion de los Esclavitudes de los Indios Americano 220

M. Liberación de los Espíritus de los Indios Americanos y los Pueblos Indígenas 224

N. Lista de Lujuria Sexual 229

O. Depresión Posparto 236

Índice

A

Aborto 17, 41, 82, 86, 88, 121, 135, 142, 159, 161, 168, 190, 191, 192, 193, 218

ABUSO, Sexual, otro 29, 82, 104, 109, 123, 130, 136, 142, 148, 155, 171, 181, 182, 195, 199, 203, 206, 230, 233,

Sexual, otro de infantil, ninos 36, 86, 90 – 92, 114, 123, 130, 136, 142, 146, 151 – 153, 156, 208, 218, 230, 265

Sexual, de muchochos, hombres, 100, 155, 162

de mujeres 167, 152

África, Africano, -a 35, 46, 62, 104, 105, 147, 148, 190, 197, 225 265

Aislamiento 131, 151, 195, 237

B

Baphomet 131, 181, 196

Bastardo, vea Krodeus. 82, 100, 134

BAUTISMO, de Inmersión 38, 88, 89, 122, 159, 165

de aspersión, infantil, 3,14, 32, 47, 88, 138, 159, 163, 214, 219

de Mormona 219

Belcebú 20, 33, 38, 109, 117, 131, 135, 182, 195, 196, 215, 219

Buda, Budismo 88, 110, 160

C

Cábala 76, 98, 110, 111

Cáncer 43, 110, 111, 130, 152, 196, 207

Católico 7, 16, 42, 48, 96, 98, 136, 143, 144, 146, 147, 158, 178, 211
Liberación de, Ap. B.
Una mujer católica recibe la verdadera salvación 48-49
COVID-19. 114, 118, 121, 131, 132, 149, 189, 219, 248

D

DEPRESIÓN 97, 145, 152, 153, 155, 183, 198, 206
Bipolares 198.
Posparto. Ap. O. 17, 33, 150
Divorcio 33, 86, 101, 102, 130, 132, 137, 142, 151, 195
Druida 30, 98, 191

E

Egipcio, dioses, vea Isis y Osiris.
Espíritu Santo Falso 173, 196
Espíritual, guia 31, 103, 104, 121, 131, 137, 182, 183, 185, 196, 226, 227
Espíritus familiares App. G. 31, 37, 95, 101 - 103, 122, 123, 132, 167 169, 191, 196, 258
Estrella de Seis Puntas 108 - 111

G

Guerra 30, 31, 42, 47, 83, 96, 100, 101, 102, 128, 143, 147, 148, 151, 197, 199, 201, 211, 220, 221, 222, 231, 265
Guerra Espíritual Cap. 9. 14, 17, 19, 30, 49, 51, 74, 75, 79, 85, 113, 116, 117, 118, 132, 177-179, 194, 203, 212, 213, 261

H

Hindú, Hinduismo 44, 98, 99, 143, 160, 194, 196, 205, 212
Hispana Cap.3. Ap. C. 10, 12, 13, 14, 41, 60, 61

I

Iglesia Asamblea de Dios, 34, 34, 146
Iglesia Foursquare 74, 136, 138
Iglesia Luterano 9, 93, 94, 130, 136, 178
Iglesia Metodista 29
Indias y tribus indígenas Aps. L, M. 17, 35, 45, 47, 63, 83, 102 - 104, 108, 129, 206, 221 - 228
Inquisición Cap. 3. 5, 12, 63, 102, 146, 147
Isis 26, 36, 84, 90, 95, 96, 97, 98, 165, 166, 198, 203, 205, 214, 215, 219, 229, 237, 253

J

Jesuita Ap. I. 26, 48, 62, 95, 96, 97, 108, 190, 229, 254, 258
Judíos Sefardí Cap. 3. 30, 45, 46, 47, 50, 102, 189

K

Krodeus, -ius 37, 82, 90, 133, 134, 148, 164, 166, 168, 169, 176, 181, 196, 206
y adicciones 134, 169
de traición sexual 37
de la fornicación y los abusos sexuales 82

L

Liberación 1, 2, 3, 5, 7, 10, 11, 13, 14, 16, 17, 19, 20, 22, 23, 30, 31, 32, 34, 37, 38, 39, 40, 42, 43, 44, 49, 50, 60, 61, 63, 64, 66, 67, 69, 75, 79, 80, 82, 83, 88, 89, 90, 91, 92, 95, 101, 104, 113, 114, 115, 116, 117, 118, 119, 120, 121, 122, 123, 125, 129, 131, 132, 134, 135, 137, 139, 141, 146, 147, 151, 154, 156, 158, 163, 165, 167, 168, 169, 170, 171, 172, 173, 177, 179, 181, 183, 184, 189, 190, 192, 193, 194, 195, 198, 202, 204, 206, 207, 210, 213, 216, 220, 223, 224, 227, 239, 258, 259, 260, 262, 265
Lutero 34, 40, 90, 126, 131, 136, 137, 138, 151, 184

M

MALDICION Capítulos 8 y 10. 5, 7, 14, 20, 30, 31, 32, 34, 36, 40, 43, 49, 50, 58, 59, 63, 66, 75, 87, 90, 93, 100, 101, 104, 105, 107, 114, 115, 120, 121, 122, 147, 151, 152, 154, 158, 159, 169, 176, 184, 189, 191, 195, 196, 198, 203, 204, 205, 208, 209, 219, 220, 222, 223, 260, 261
de Antisemitismo 136
Sobre el primogénito 138
Masoneria 3, 22, 31, 35, 37, 50, 63, 66, 81, 97 – 100, 107, 111, 122, 129, 130, 154, 156, 160, 163, 182, 196, 198, 212, 214, 259
Mikvah 76
MIEDO 22, 31, 32, 86, 91, 92, 116, 128, 141, 142, 181, 193, 197, 199, 206, 207, 208, 209, 210, 214, 227, 230, 233, 236, 237
y Zombis, Zombies 91 – 92
Moloc 63, 82, 86, 87, 89, 102, 104, 109, 134, 167, 193, 206, 218, 223
MUERTE Ap. K. 12, 17, 32, 33, 53, 54, 59, 62, 70, 71, 81, 86, 87, 92, 93, 98, 104, 108, 127 – 130, 132, 137, 143, 146, 151, 152, 156, 175, 179, 182, 183, 187, 190, 191, 193, 194, 210, 227, 230, 233, 237
Deseo de 127, 219
Espíritual 92
Mujeres en el Ministerio 216

N

Navidad 14, 31, 81, 82, 87, 207

O

Osiris 82, 87, 90, 92, 97, 181, 198, 201, 203, 205, 219, 229

P

Pascua del Biblia Cap 6. 60, 61, 71, 74, 77, 138

Pascua de Domingo 14, 68, 83, 84, 138
Pitón 92, 109, 110, 138, 175, 196, 203, 204, 206, 208, 230

Q

QUEMA, quemado 27, 47, 137
del Nuevo Testamento 98

S

Sabado Cap. 6. 176
Scouts 35, 36, 66, 90, 103, 104, 121, 130, 155, 163, 181, 182, 183, 206, 214, 215, 262, 265
Separación 45, 101, 195
Symbolos Cap. 8. 136, 218, 240, 243, 247, 248, 250, 253, 254, 256, 258

T

Tambores 35, 83, 105, 221
Temeroso, temor, temores 23, 53, 91,134, 172, 208, 210, 232
Testigo 27, 94, 178, 212
Tifón 43, 138, 139
Traiciónes, -ar 37, 101, 209, 231
Traumas herederos, Epigenética 147, 189, 223
Traumas Cap. 11. 49, 60, 63, 100, 128, 130, 132, 133

Z

Zombi 91, 92, 93, 131, 199, 219, 237, 244

www.ingramcontent.com/pod-product-compliance
Lightning Source LLC
Chambersburg PA
CBHW071147160426
43196CB00011B/2034